애매~한 영어 실력이

네이티브력 급상승 영어 문장 300 입버릇 훈련

권주현·김기성 지음

시원스쿨닷컴

네이티브력 급상승
영어 문장 300 입버릇 훈련

초판 7쇄 발행 2024년 2월 1일

지은이 권주현 김기성
펴낸곳 (주)에스제이더블유인터내셔널
펴낸이 양홍걸 이시원

홈페이지 www.siwonschool.com
주소 서울시 영등포구 영신로 166 시원스쿨
교재 구입 문의 02)2014-8151
고객센터 02)6409-0878

ISBN 979-11-6150-717-0
Number 1-120101-17170420-09

You sold me.
너는 나를 팔았어.

라고 해석하신 분들을 위해
이 책을 바칩니다.

You sold me.

You 너는
sold 팔았다
me 나를

너는 나를 팔았어...?

대체 저게 무슨 말이야?

각 단어의 뜻을 조합해 있는 그대로 해석했더니

"너는 나를 팔았어."

'뭐…?'라는 생각과 함께 대체 저게 무슨 뜻인지

의아해하는 분들이 아마 많으실 겁니다.

그런데, 실제 뜻은 아래와 같습니다.

나 너한테 설득당했어.

"너 또 늦었어? 참 대단하다."라는 한국말을

외국인들이 해석만으로 이해 가능할까요? 아닙니다.

말 속에 숨겨진 뉘앙스를 알아야 이해 가능합니다.

영어도 마찬가지입니다.

영국, 미국 등의 영어권 국가에서도

'You sold me.'와 같이, 해석만으로는 이해 불가능한

무수한 네이티브식 표현들로 소통합니다.

본 교재는 교과서 영어 수준의 애매한 영어 실력이

'You sold me.' 단계로 껑충! 점프할 수 있는

네이티브력 급상승 영어 문장 300개를

소개할 예정입니다.

자, 그럼 이제 시작해 볼까요?

잘 오셨습니다!

영어로 말을 잘하려면 어떤 식으로 접근해야 할까요?

예를 들어, 공무원이나 각종 시험에서는 100프로 합격하는 방법이 있습니다. 어떻게요? 시중에 나와 있는 문제집을 모조리 풀어 버리는 방법입니다. 그런데 이러한 방법은 투자한 시간과 노력에 비해 효율성이 떨어지겠죠. 그래서 중요한 것이 실제 출제된 기출 문제를 풀어 보는 것입니다. 기출 문제를 제대로만 풀고 암기한다면 효율적으로 합격할 수 있습니다.

영어회화도 마찬가지입니다. 시중에 돌아다니는 수많은 영어 자료들을 다 챙겨 봐야만 영어회화가 될 거라는 생각을 가지는 순간, 영어로 말하는 것은 너무나 어려운 과제가 되어 버리죠. 반면에 미드나 영드에서 실제 나오는 표현, 그리고 영어권 네이티브들이 실제 쓰는 표현 위주로 먼저 학습하자는 마인드를 가지게 된다면 영어가 부담이 없어지면서 효율적인 말하기 능력을 습득할 수 있게 됩니다.

따라서 이 교재에서는,

미국과 영국에서 공통적으로 자주 쓰이는 알짜배기 표현 300개를 엄선하여 최대한 쉽고 간단하게, 그리고 기억이 잘 되게끔 소개해 보았습니다.

이제 여러분은 이 정선된 300문장을 반복적으로 듣고 말하며 입근육이 저절로 기억하게 만들어 놓을 필요가 있습니다. 실제 영어를 말해야 하는 상황이 닥쳤을 때 주어, 동사, 관계대명사 이런 거 따질 시간이 없죠?

우리가 모국어를 할 때처럼
영어 역시 머리를 안 거치고
바로 입에서 기억된 대로 나올 수 있게
계속 반복 연습해 보세요.

확정된 자료(300문장)의 반복 학습이 계속될수록, 여러분의 기억력과 응용력은 점점 활성화될 것입니다.

이런 저런 교재와 강의들로
영어회화에 도전했지만 실패하셨던 분들에게
인생의 마지막 영어 말하기 교재가
되기를 바라는 마음으로
이 교재를 바칩니다.

- 아나운서 권주현 드림 -

책의 구성 & 특징

1 영미권 네이티브들이 입에 달고 사는 네이티브력 급상승 영어 문장 300개 수록

실제 네이티브들은 해석만으로는 이해 불가능한, '숨어 있는 뉘앙스'까지 알아야 그 뜻을 알 수 있는 무수한 회화 표현들로 소통합니다. 본 교재는 그러한 네이티브식 회화 표현들 중에서도 반드시 알고 있어야 할 표현 300개를 엄선하여 수록하였습니다.

001 002 003 004

005 MP3_005

You're more than welcome to stay.

more than welcome = 환영받는 것 이상인 / to stay = 머물면

넌 머물면 환영받는 것 이상이야.

넌 얼마든지 머물러도 돼.

어떤 것을 했을 때 '환영받는 것 이상'이라는 말은 그렇게 하면 환영받는 것 이상일 만큼 아주 좋기 때문에 '얼마든지 ~해도 된다'라는 뉘앙스로 쓰이됩니다.

You're more than welcome to-V
= 넌 얼마든지 ~해도 된다

응용해서 영작 & 말하기

넌 우리와 함께 얼마든지 머물러도 돼. — You're more than welcome to stay with us.

넌 네 친구들을 얼마든지 데려와도 돼. — You're more than welcome to bring your friends.

힌트 stay with someone ~와 함께 머무르다 / bring someone ~을 데려오다

24

296 297 298 299

300 MP3_300

You have what it takes to succeed.

have = 가지고 있다 / what it take = 필요한 것(을)

넌 성공하기 위해 필요한 것을 가지고 있어.

넌 성공할 자질이 있어.

위에서 'what it takes(필요한 것)'은 어떤 일을 하는 데 있어 필요한 '자질[능력]'을 뜻하기 때문에 'have what it takes'는 아래와 같이 쓰이됩니다.

have what it takes (to-V)
= (~할) 자질[능력]이 있다

응용해서 영작 & 말하기

그는 지도자가 될 자질이 있어. — He has what it takes to become a leader.

그들은 경기에서 이길 능력이 있어. — They have what it takes to win the game.

힌트 become ~이 되다 / leader 지도자 / win the game 경기(를)에서 이기다

355

2 쓸데없는 설명을 줄이고, 줄이고, 또 줄여 핵심만 간단히! 하루 1문장 1쪽 학습

1문장당 딱! 1쪽씩 간결하게, 하지만 핵심만 콕! 집어 설명하여 이해하기 어려울 수 있는 네이티브식 표현들을 단시간 내 효율적으로 학습할 수 있도록 하였으며, 1문장 1쪽 학습은 아래와 같은 짧고 굵은 체계적 흐름에 따라 진행됩니다.

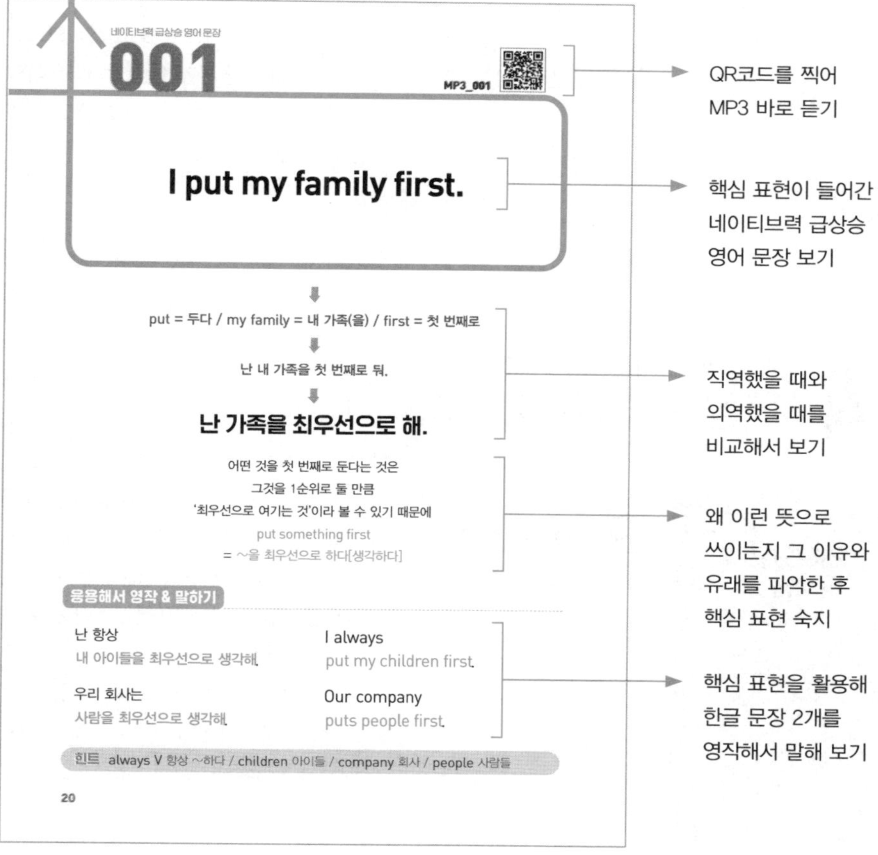

3 중간중간 나의 영어 실력을 점검하는 나의 네이티브력 체크 섹션 수록

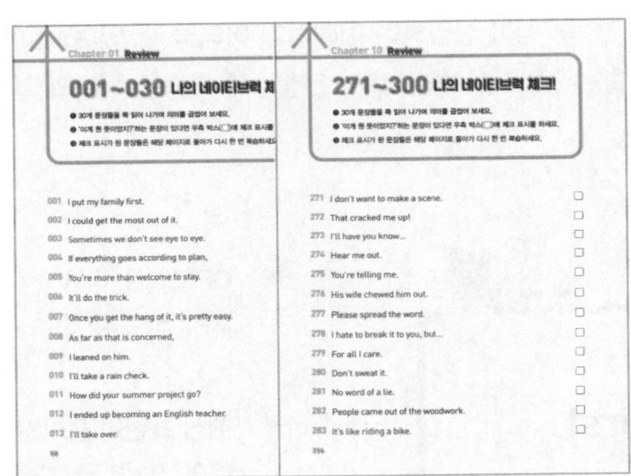
Chapter 01 Review

001~030 나의 네이티브력 체

001 I put my family first.
002 I could get the most out of it.
003 Sometimes we don't see eye to eye.
004 If everything goes according to plan,
005 You're more than welcome to stay.
006 It'll do the trick.
007 Once you get the hang of it, it's pretty easy.
008 As far as that is concerned,
009 I leaned on him.
010 I'll take a rain check.
011 How did your summer project go?
012 I ended up becoming an English teacher.
013 I'll take over.

Chapter 10 Review

271~300 나의 네이티브력 체크!

271 I don't want to make a scene.
272 That cracked me up!
273 I'll have you know...
274 Hear me out.
275 You're telling me.
276 His wife chewed him out.
277 Please spread the word.
278 I hate to break it to you, but...
279 For all I care.
280 Don't sweat it.
281 No word of a lie.
282 People came out of the woodwork.
283 It's like riding a bike.

학습 중간중간 배웠던 문장들을 잘 기억하고 있는지 체크할 수 있는 '나의 네이티브력 체크' 섹션을 제공합니다. 한글 해석 없이 영어 문장만 보고도 뜻이 잘 이해되는지 체크해 보고, 잘 모르겠는 경우 다시 돌아가 복습합니다. '나의 네이티브력 체크' 섹션은 문장을 30개씩 공부할 때마다 제공됩니다.

4 핵심 표현 300개를 한눈에 훑어보는 핵심 표현 INDEX 300 제공

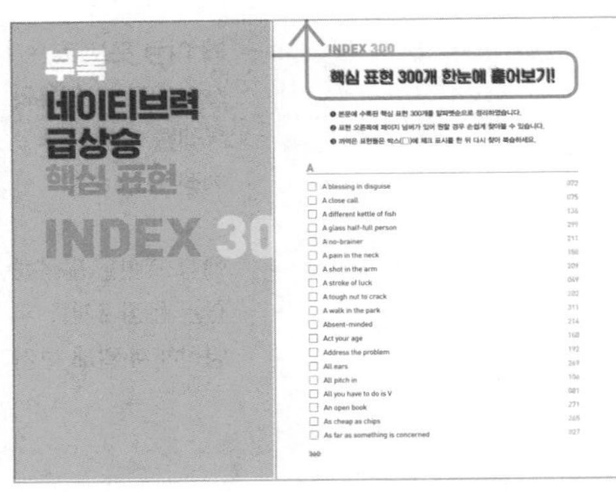
부록
네이티브력
급상승
핵심 표현
INDEX 300

INDEX 300

핵심 표현 300개 한눈에 훑어보기!

A

A blessing in disguise
A close call
A different kettle of fish
A glass half-full person
A no-brainer
A pain in the neck
A shot in the arm
A stroke of luck
A tough nut to crack
A walk in the park
Absent-minded
Act your age
Address the problem
All ears
All pitch in
All you have to do is V
An open book
As cheap as chips
As far as something is concerned

학습을 완료한 후엔 핵심 표현 300개를 한눈에 훑어보며 정리할 수 있는 '네이티브력 급상승 핵심 표현 INDEX 300'을 제공합니다. 표현 300개는 알파벳 순으로 정리되어 있으며, 각 표현 오른쪽엔 페이지 넘버가 표시되어 있어 뜻이 잘 기억나지 않을 경우 다시 손쉽게 찾아서 복습할 수 있습니다.

5 기록으로 남기고 눈으로 확인하는 **나의 네이티브력 성장 일지** 제공

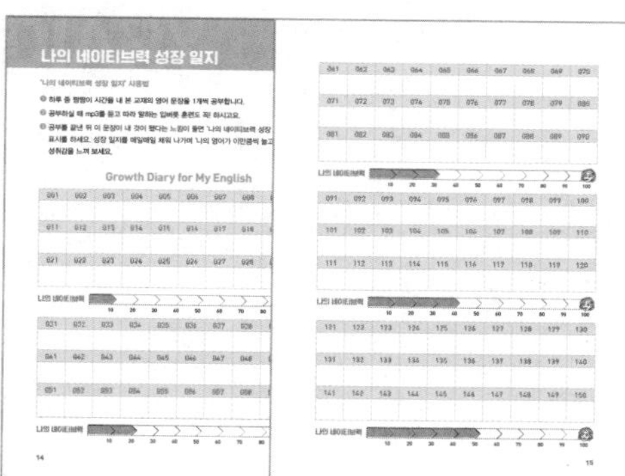

무슨 일이든 포기하지 않고 꾸준히 지속할 수 있게 하는 원동력은 바로 '성취감과 동기 부여'입니다. 따라서 본 교재는 내가 지금까지 얼마나 열심히 공부했는지, 그리고 내 영어 실력이 얼마만큼 늘었는지 직접 기록으로 남기고 눈으로 확인할 수 있는 '나의 네이티브력 성장 일지'를 제공합니다.

6 영어 문장 300개를 직접 읽고 설명하는 **저자의 유튜브 동영상** 연계 학습

A walk in the park "공원에서의 산책"이라고 해석한 사람...
권아나TV-권주현 아나운서
조회수 8.1만회 • 3개월 전

Speak for yourself가 "너 자신을 위해 말하라"라고 밖에...
권아나TV-권주현 아나운서
조회수 2.3만회 • 2개월 전

전혀 반대의 의미를 가지고 있는 영어문장 That will be the...
권아나TV-권주현 아나운서
조회수 2.3만회 • 2개월 전

본 도서에 수록된 네이티브력 급상승 영어 문장 300개는 저자가 직접 읽고 설명하는 유튜브 동영상을 보면서도 동시 학습 가능합니다.
[동영상 링크 주소 하단 참고]

유튜브 채널 '권아나TV'의
권아나 영어 표현 시리즈
▶ https://url.kr/8u1q2y

목차

나의 네이티브력 성장 일지

'나의 네이티브력 성장 일지' 사용법

❶ 하루 중 짬짬이 시간을 내 본 교재의 영어 문장을 1개씩 공부합니다.

❷ 공부하실 때 mp3를 듣고 따라 말하는 입버릇 훈련도 꼭! 하시고요.

❸ 공부를 끝낸 뒤 이 문장이 내 것이 됐다는 느낌이 들면 '나의 네이티브력 성장 일지'에 체크(V) 표시를 하세요. 성장 일지를 매일매일 채워 나가며 '나의 영어가 이만큼씩 늘고 있구나'하는 성취감을 느껴 보세요.

Growth Diary for My English

001	002	003	004	005	006	007	008	009	010
011	012	013	014	015	016	017	018	019	020
021	022	023	024	025	026	027	028	029	030

나의 네이티브력

10 20 30 40 50 60 70 80 90 100

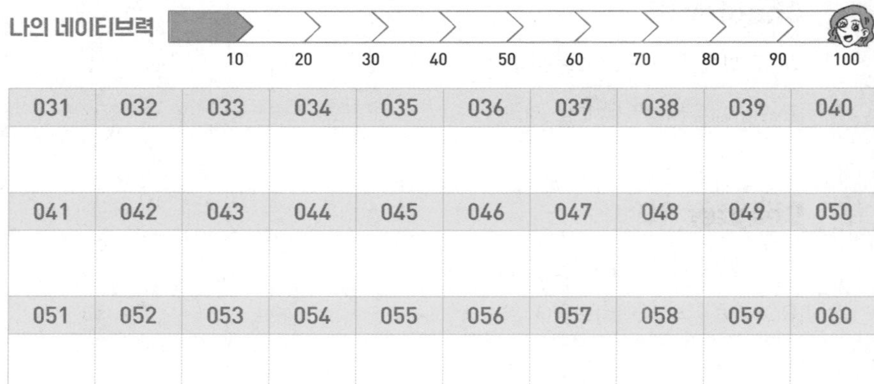

031	032	033	034	035	036	037	038	039	040
041	042	043	044	045	046	047	048	049	050
051	052	053	054	055	056	057	058	059	060

나의 네이티브력

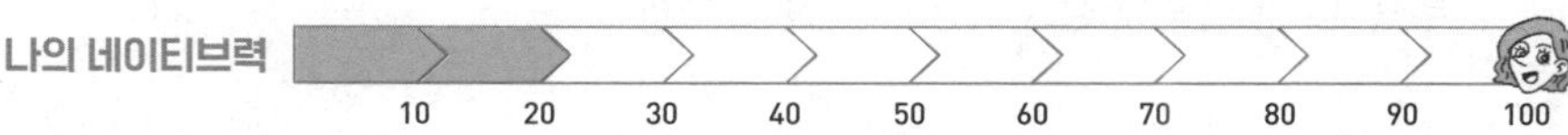

061	062	063	064	065	066	067	068	069	070
071	072	073	074	075	076	077	078	079	080
081	082	083	084	085	086	087	088	089	090

나의 네이티브력

10 20 30 40 50 60 70 80 90 100

091	092	093	094	095	096	097	098	099	100
101	102	103	104	105	106	107	108	109	110
111	112	113	114	115	116	117	118	119	120

나의 네이티브력

10 20 30 40 50 60 70 80 90 100

121	122	123	124	125	126	127	128	129	130
131	132	133	134	135	136	137	138	139	140
141	142	143	144	145	146	147	148	149	150

나의 네이티브력

10 20 30 40 50 60 70 80 90 100

151	152	153	154	155	156	157	158	159	160
161	162	163	164	165	166	167	168	169	170
171	172	173	174	175	176	177	178	179	180

나의 네이티브력

10 20 30 40 50 60 70 80 90 100

181	182	183	184	185	186	187	188	189	190
191	192	193	194	195	196	197	198	199	200
201	202	203	204	205	206	207	208	209	210

나의 네이티브력

10 20 30 40 50 60 70 80 90 100

211	212	213	214	215	216	217	218	219	220
221	222	223	224	225	226	227	228	229	230
231	232	233	234	235	236	237	238	239	240

나의 네이티브력

10 20 30 40 50 60 70 80 90 100

241	242	243	244	245	246	247	248	249	250
251	252	253	254	255	256	257	258	259	260
261	262	263	264	265	266	267	268	269	270

나의 네이티브력

10 20 30 40 50 60 70 80 90 100

271	272	273	274	275	276	277	278	279	280
281	282	283	284	285	286	287	288	289	290
291	292	293	294	295	296	297	298	299	300

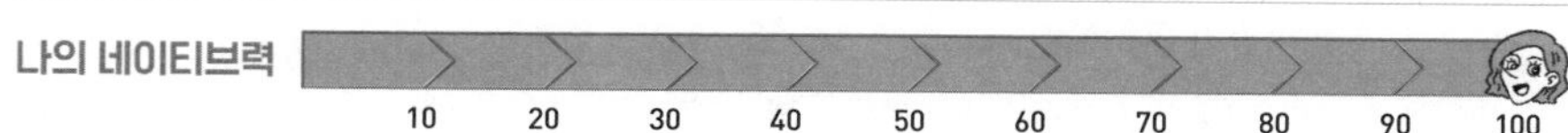

You made it!

Chapter 01

네이티브력 급상승 영어 문장

001 I put my family first.

002 I could get the most out of it.

003 Sometimes we don't see eye to eye.

004 If everything goes according to plan,

005 You're more than welcome to stay.

006 It'll do the trick.

007 Once you get the hang of it, it's pretty easy.

008 As far as that is concerned,

009 I leaned on him.

010 I'll take a rain check.

011 How did your summer project go?

012 I ended up becoming an English teacher.

013 I'll take over.

014 It works for me.

015 I'll take one for the team.

001-030

016 I'll keep you posted on that.

017 That's close enough.

018 It's worth doing the right thing.

019 I'll take that as a complement.

020 I'll get right on it.

021 It's as good as new.

022 They have a lot in common.

023 That's typical of you.

024 You look after yourself.

025 What took you so long?

026 Go for it!

027 He's a piece of work.

028 I won't let you down.

029 I've been trying to reach you.

030 It was a stroke of luck.

001

MP3_001

I put my family first.

put = 두다 / my family = 내 가족(을) / first = 첫 번째로

난 내 가족을 첫 번째로 둬.

난 가족을 최우선으로 해.

어떤 것을 첫 번째로 둔다는 것은
그것을 1순위로 둘 만큼
'최우선으로 여기는 것'이라 볼 수 있기 때문에

put something first
= ~을 최우선으로 하다[생각하다]

응용해서 영작 & 말하기

난 항상 내 아이들을 최우선으로 생각해.	I always put my children first.
우리 회사는 사람을 최우선으로 생각해.	Our company puts people first.

힌트 always V 항상 ~하다 / children 아이들 / company 회사 / people 사람들

002

MP3_002

I could get the most out of it.

get = 얻다 / the most = 최고치(를) / out of it = 그것에서

난 그것에서 최고치를 얻을 수 있었어.

난 그걸 최대한 활용할 수 있었어.

어떤 것에서 최고치를 얻는다는 것은
그것에서 최고치를 얻을 수 있을 만큼
'최대한 활용하는 것'이라 볼 수 있기 때문에
get the most out of something
= ~을 최대한 활용하다

응용해서 영작 & 말하기

네 돈을 최대한 활용하려면, 넌 투자해야 해.	To get the most out of your money, you have to invest.
네 시간을 최대한 활용하려면, 넌 체계적이어야 해.	To get the most out of your time, you have to be organised.

힌트 have to-V ~해야 한다 / invest 투자하다 / organised 체계적인

003

MP3_003

Sometimes we don't see eye to eye.

don't = ~하지 않다 / see = 보다 / eye to eye = 눈과 눈(을)

가끔 우린 눈과 눈을 (마주) 보지 않아.

가끔 우린 의견이 안 맞아.

'눈과 눈을 마주 본다'는 것은
'서로의 눈빛이 통하다 → 서로의 생각[의견]이 맞다'라는
비유적 의미로 생각해 볼 수 있기 때문에
see eye to eye (on something)
= (~에 있어) 의견이 맞다

응용해서 영작 & 말하기

우린 모든 것에 있어 항상 의견이 맞아.	We always see eye to eye on everything.
우린 정치에 있어 의견이 안 맞아.	We don't see eye to eye on politics.

힌트 always V 항상 ~하다 / everything 모든 것 / politics 정치

004

MP3_004 

If everything goes according to plan,

If = ~라면 / go = 가다 / according to plan = 계획에 따라

모든 것이 계획에 따라 간다면,

모든 것이 계획대로 된다면,

'모든 것이 계획에 따라 가다'에서 '가다(go)'는
'(일 등이) 진행되어 가다'라는 의미로 볼 수 있기 때문에
'계획에 따라 가다 → 계획대로 되다'로 풀이할 수 있습니다.

If everything goes according to plan,
= 모든 것이 계획대로 된다면,

응용해서 영작 & 말하기

모든 것이 계획대로 된다면, 어두워지기 전에 돌아올게.	If everything goes according to plan, I'll be back before dark.
모든 것이 계획대로 된다면, 그건 곧 끝날 겁니다.	If everything goes according to plan, it will end soon.

힌트 be back 돌아오다 / before dark 어두워지기 전에 / end 끝나다 / soon 곧

005

MP3_005

You're more than welcome to stay.

more than welcome = 환영받는 것 이상인 / to stay = 머물면

넌 머물면 환영받는 것 이상이야.

넌 얼마든지 머물러도 돼.

어떤 것을 했을 때 '환영받는 것 이상'이라는 말은
그렇게 하면 환영받는 것 이상일 만큼 아주 좋기 때문에
'얼마든지 ~해도 된다'라는 뉘앙스로 풀이됩니다.

You're more than welcome to-V
= 넌 얼마든지 ~해도 된다

응용해서 영작 & 말하기

넌 우리와 함께 얼마든지 머물러도 돼.	You're more than welcome to stay with us.
넌 네 친구들을 얼마든지 데려와도 돼.	You're more than welcome to bring your friends.

힌트 stay with someone ~와 함께 머무르다 / bring someone ~을 데려오다

006

MP3_006

It'll do the trick.

It'll = 그건 ~할 거다 / do = 하다 / the trick = 마술(을)

그건 마술을 할 거야.

그거 효과가 있을 거야.

'do the trick'은
마치 '마술을 한[부린]' 것처럼 효과가 있는 것을 가리켜
'효과가[효험이] 있다'고 말할 때 쓰는 비유적 표현입니다.

do the trick
= 효과가[효험이] 있다

응용해서 영작 & 말하기

네 생각엔 그게 효과가 있을 것 같아?	Do you think it'll do the trick?
난 그게 효과가 있을 거라고 확신해.	I'm sure it'll do the trick.

힌트 Do you think+문장? 네 생각엔 ~인 것 같아? / I'm sure+문장 난 ~라고 확신한다

007

MP3_007

Once you get the hang of it, it's pretty easy.

get = 얻다 / the hang of it = 그것의 요령(을)

일단 그것의 요령을 얻으면, 꽤 쉬워.

일단 그거 감만 잡으면 꽤 쉬워.

어떤 것에 있어 요령을 얻는다는 것은
그것에 필요한 '감각'을 터득하는 것이기 때문에
'~에 대해 감을 잡다'라는 뉘앙스로 풀이됩니다.

get the hang of something
= ~에 대해 감을 잡다

응용해서 영작 & 말하기

네가 곧 그거에 대한 감을 잡게 될 거라 확신해.	I'm sure you will get the hang of it soon.
운전하는 감을 잡는 데 시간이 좀 걸릴 거야.	It will take some time to get the hang of driving.

힌트 It will take some time to-V ~하는 데 시간이 좀 걸릴 거다 / driving 운전

008

MP3_008

As far as that is concerned,

as far as = ~하는 한 / that = 그것(이) / concerned = 관계되는

그것이 관계되는 한,

그것에 관한 한,

'as far as ~ is concerned'의 직역인 '~이 관계되는 한'을
좀 더 매끄러운 한국식 표현으로 줄여 말하면
'~에 관한 한'이라고 풀이됩니다.

as far as something is concerned
= ~에 관한 한

응용해서 영작 & 말하기

나는 그것에 관한 한 아무 문제없어.
I have no problem as far as that is concerned.

그는 돈에 관한 한 아무 걱정이 없어.
He has no worries as far as money is concerned.

힌트 have no problem 아무 문제없다 / have no worries 아무 걱정이 없다

009

MP3_009

I leaned on him.

lean = 기대다 / on him = 그에게

나는 그에게 기댔어.

난 그에게 의지했어.

누군가에게 기댄다는 것은
그 사람에게 '의지하고 싶은 마음'을 갖고
몸을 기대는 것이라 풀이 가능하기 때문에
lean on someone
= ~에게 의지하다

응용해서 영작 & 말하기

사고 후에,
난 정말 그녀에게 의지했어.

After the accident,
I really leaned on her.

프로젝트 동안,
그들은 내게 많이 의지했어.

During the project,
they leaned on me a lot.

힌트 after ~후에 / really 정말 / accident 사고 / during ~동안 / a lot 많이

010

MP3_010

I'll take a rain check.

a rain check = 우천으로 경기 취소 시 나중에 관람할 수 있는 교환권

나는 우천 교환권을 가질 거야.

다음으로 미룰게.

우천 교환권은 '경기가 취소돼 미뤄진 상황'에서 받게 되고
따라서 우천 교환권을 갖겠다는 말은
어떤 일을 미루겠다는 비유적 의미로 쓰입니다.

take a rain check (on something)
= (~을) 다음으로 미루다

응용해서 영작 & 말하기

저녁 식사를 다음으로 미뤄도 될까?	Can I take a rain check on dinner?
우리 데이트를 다음으로 미뤄도 될까?	Can I take a rain check on our date?

힌트 Can I V? ~해도 될까요? / dinner 저녁 식사 / our date 우리의 데이트

011

MP3_011 

How did your summer project go?

How did something go? = ~은 어떻게 (진행)됐어?

너 여름 프로젝트는 어떻게 (진행)됐어?

너 여름 프로젝트는 어땠어?

'go'는 '가다'라는 뜻만 있는 것이 아니라
어떠한 일 등이 '(진행)되다'라는 뜻도 있기 때문에 위 표현은
과거의 일이 '어떻게 됐는지 → 어땠는지' 물을 때 사용됩니다.

How did something go?
= ~은 어땠어?

응용해서 영작 & 말하기

오늘 네 하루는 어땠어?	How did your day go today?
어젯밤 그 파티는 어땠어?	How did the party go last night?

힌트 your day 너의 하루 / today 오늘 / party 파티 / last night 어젯밤

012

MP3_012

I ended up becoming an English teacher.

end = 끝내다 / up = 완전히 / becoming = ~이 되는 것(을)

난 영어 선생님이 되는 것을 완전히 끝냈어.

난 결국 영어 선생님이 됐어.

'무언가 하는 것을 완전히 끝내다'라는 말은
완전히 끝내서 '결과적으로 그렇게 되다'라는 뉘앙스로
풀이 가능하기 때문에 아래와 같은 의미로 쓰입니다.

end up V-ing
= 결국 ~하게 되다

응용해서 영작 & 말하기

난 결국 전 시리즈를 보게 됐어.
I ended up watching the entire series.

그는 결국 마지막 기차를 놓치고 말았어.
He ended up missing the last train.

힌트 watch 보다 / entire series 전 시리즈 / miss 놓치다 / last train 마지막 기차

013

MP3_013

I'll take over.

take = 가지다 / over = (다른 쪽으로) 뒤집어서

내가 뒤집어서 가질게.

내가 맡을게.

over를 '뒤집어서 → 위치를 바꿔서 → 책임을 바꿔서',
take를 '가지다 → 가져가서 맡다'와 같이 의미를 확장하면
'take over'는 아래와 같은 의미로 풀이됩니다.
take over (something)
= (~의) 책임을 떠맡다, (~을) 대신하다

응용해서 영작 & 말하기

지금부턴,
내가 맡을게.

From now on,
I'll take over.

걱정 말아요.
제가 대신 발표할게요.

Don't worry.
I'll take over the presentation.

힌트 from now on 지금부터 / don't worry 걱정 말아라 / presentation 발표

014

MP3_014

It works for me.

work = 작동되다 / for me = 나를 위해

그것은 나를 위해 작동돼요.

전 좋아요.

'나를 위해 작동되다'라는 말은 결국
'내 상황에 맞게 좋은 방향으로 작동되다'라는 말로
풀이 가능하기 때문에 아래와 같은 의미로 쓰입니다.

work for me
= 내게 좋다[괜찮다]

응용해서 영작 & 말하기

그게 나한테 좋은 것 같아.	I think it works for me.
아침에 하는 조깅은 내게 좋아.	Jogging in the morning works for me.

힌트 I think+문장 ~인 것 같다 / jogging 조깅 / in the morning 아침에

015

MP3_015

I'll take one for the team.

take = 가지다 / one = 그것(을) / for the team = 팀을 위해

내가 팀을 위해 그것을 가질게.

내가 모두를 위해 희생할게.

'one(그것)'을 폭탄이라고 가정할 경우, 위의 말은
'팀을 위해 위험한 폭탄을 떠안겠다'는 뜻이 되기 때문에
'take one for the team'은 아래와 같은 의미로 쓰입니다.

take one for the team
= 모두를 위해 희생하다

응용해서 영작 & 말하기

이번엔 네가 모두를 위해 희생해야 해.	You should take one for the team this time.
난 모두를 위해 희생할 준비가 돼 있어.	I'm ready to take one for the team.

힌트 should V ~해야 한다 / this time 이번에 / be ready to-V ~할 준비가 되다

016

MP3_016 

I'll keep you posted on that.

keep = (계속) 유지시키다 / posted = (소식을) 알게끔

네가 그것에 대해 계속 알게끔 유지시켜 줄게.

그것에 대해 계속 알려 줄게.

'계속 알게끔 유지시켜 준다'는 말은 결국
아는 상태가 지속될 수 있도록 '계속 알려 준다'는 뜻으로
풀이 가능하기 때문에 아래와 같은 의미로 쓰입니다.

keep someone posted (on something)
= (~에 대해) ~에게 계속 알려 주다

응용해서 영작 & 말하기

무슨 일이 일어나든
(네게) 계속 알려 줄게.

I'll keep you posted
on anything that happens.

귀하의 배송 건에 대해
(귀하께) 계속 알려 드리겠습니다.

I'll keep you posted
on your delivery.

힌트 anything that happens 일어나는 무슨 일이든 / your delivery 당신[귀하]의 배송

017

MP3_017 

That's close enough.

That's close = 그것은 가깝다 / enough = 충분히

그것은 충분히 가까워.

그 정도면 됐어.

위 표현은 완벽에 도달하지는 못했지만
거의 만족스러울 만큼 '충분히 완벽에 가깝다'라는 말로
풀이 가능하기 때문에 아래와 같은 의미로 쓰입니다.

That's close enough.
= 그 정도면 됐다.

응용해서 영작 & 말하기

그 정도면 됐다고 거의 확신해.
I'm pretty sure that's close enough.

내 생각엔 그 정도면 됐어. 넌 최선을 다했어.
I think that's close enough. You did your best.

힌트 I'm pretty sure+문장 ~라고 거의 확신한다 / do one's best 최선을 다하다

018

MP3_018 

It's worth doing the right thing.

It's worth = 가치가 있다

doing the right thing = 옳은 일을 하는 것

옳은 일은 할 가치가 있어.

'It's worth(가치가 있다)' 뒤에 V-ing를 붙여 말하면
어떠한 행동을 '할 가치가 있다' 혹은
그러한 행동을 '해 볼 만하다'라는 의미의 표현이 됩니다.

It's worth V-ing
= ~할 가치가 있다, ~해 볼 만하다

응용해서 영작 & 말하기

가끔은
일찍 일어나 볼 만해.

Sometimes
it's worth getting up early.

그 주식에
투자해 볼 만한 것 같네.

I think
it's worth investing in that stock.

힌트 get up early 일찍 일어나다 / invest in something ~에 투자하다 / stock 주식

019

MP3_019

I'll take that as a compliment.

take = 받아들이다 / as a compliment = 칭찬으로서

그것을 칭찬으로서 받아들일게.

칭찬으로 받아들일게.

위 표현은 정말 칭찬을 받아 기쁘다는 뉘앙스가 아니라
뭔가 칭찬이 아닌 듯한 애매한 말을 들었을 때
좀 찜찜하지만 칭찬으로 여기겠다는 느낌의 표현입니다.

take that as a compliment
= 그것[그 말]을 칭찬으로 받아들이다

응용해서 영작 & 말하기

내가 그 말 칭찬으로 받아들여야 해?	Should I take that as a compliment?
넌 그 말을 칭찬으로 받아들여도 돼.	You can take that as a compliment.

힌트 Should I V? 내가 ~해야 해? / You can V 넌 ~해도 된다

020

MP3_020

I'll get right on it.

get = 가지다 / right = 바로 / on it = 그것에 대해

그것에 대해 바로 가질게.

바로 처리할게.

'그것(it)'이 '해야 할 일'을 뜻한다고 가정하면 위 표현은 '할 일을 바로 갖다 → 할 일을 바로 받아서 시작하다'와 같이 의미가 확장되어 아래와 같은 의미로 쓰입니다.

get right on it
= 그것[할 일]을 바로 시작[처리]하다

응용해서 영작 & 말하기

우린
그걸 바로 시작해야 해.

We need to
get right on it.

걱정 마.
내가 그걸 바로 처리할게.

Don't worry.
I'll get right on it.

힌트 need to-V ~할 필요가 있다, ~해야 한다 / don't worry 걱정 말아라

021

MP3_021

It's as good as new.

as good as = ~이나 다름없는 / new = 새것

그거 새것이나 다름없어.

그거 새것 같아.

위 표현은 단순히 '새것 같다'라고 말할 때에도 쓰이지만
'잘 고쳐져서 새것 같다'라는 뉘앙스로 말할 때
주로 많이 쓰는 표현입니다.

as good as new
= (잘 고쳐져서) 새것 같은, 감쪽같은

응용해서 영작 & 말하기

그거 감쪽같다! 흠집을 찾을 수가 없어.	It's as good as new! I can't see the scratch.
수리하고 나니까, 그거 새것 같아.	After the repair, it's as good as new.

힌트 can't V ~할 수가 없다 / see (찾아)보다 / scratch 흠집 / repair 수리

022

MP3_022

They have a lot in common.

have = 가지다 / a lot = 많은 것(을) / in common = 공통적으로

그들은 공통적으로 많은 것을 가지고 있어.

그들은 공통점이 많아.

'공통적으로 많은 것을 가지고 있다'라는 말을
좀 더 매끄러운 한국식 표현으로 바꿔 말하면
'공통점이 많다'라고 풀이됩니다.

have a lot in common
= 공통점이 많다

응용해서 영작 & 말하기

우린 공통점이 많아. — We have a lot in common.
우리 둘 다 동물을 엄청 좋아해. — We both love animals.

그들은 공통점이 많아. — They have a lot in common.
그들 둘 다 낚시를 엄청 좋아해. — They both love fishing.

힌트 both 둘 다 / love 엄청[매우] 좋아하다 / animal 동물 / fishing 낚시

023

MP3_023

That's typical of you.

That's = 그것은 ~이다 / typical of you = 너를 대표하는

그것은 너를 대표해.

딱 너답다.

'너를 대표한다'라는 말은
'너를 대표한다 → 너다움을 잘 보여 준다 → 딱 너답다'와 같이
의미가 확장되어 아래와 같은 뜻으로 쓰입니다.

That's typical of you (to–V)
= (~하는 게) 딱 너답다

응용해서 영작 & 말하기

그렇게 말하다니 딱 너답다.	That's typical of you to say that.
남들 탓하는 게 딱 너답다.	That's typical of you to blame others.

힌트 say 말하다 / blame someone ~을 비난하다 / others 다른 사람들, 남들

024

MP3_024

You look after yourself.

look after = 돌보다 / yourself = 너 스스로(를)

너는 너 스스로를 돌봐.

스스로를 잘 돌봐야 해.

위 표현은 그냥 '너는 너 스스로를 돌본다'가 아닌
'(필요에 의해서) 넌 네 스스로를 잘 돌봐야 한다'라는
권고의 뉘앙스로 말하는 표현입니다.

You look after yourself.
= 네 스스로[자신]를 잘 돌봐야 한다.

응용해서 영작 & 말하기

정신적으로
너 자신을 잘 돌봐야 해.

You look after yourself
mentally.

기억해,
너 스스로를 잘 돌봐야 해.

Remember,
you look after yourself.

힌트 mentally 정신적으로 / Remember, 문장 ~임을 기억하라

025

MP3_025 

What took you so long?

What took you? = 무엇이 널 잡았어? / so long = 그렇게 오랫동안

무엇이 널 그렇게 오랫동안 잡고 있었어?

왜 이렇게 늦었어?

'무엇이 널 그렇게 오랫동안 잡고 있었냐'는 말은
'뭘 하느라 이렇게 오래 걸렸냐 → 왜 이렇게 늦었냐'라는
의미를 내포한 간접 질문이라 보시면 됩니다.

What took you so long (to-V)?
(~하는 데) 왜 이렇게 늦었어?

응용해서 영작 & 말하기

여기 도착하는 데 왜 이렇게 늦었어?	What took you so long to arrive here?
내 메시지에 답하는 데 왜 이렇게 늦었어?	What took you so long to reply to my message?

힌트 arrive here 여기에 도착하다 / reply to ~에 답하다 / my message 내 메시지

026

MP3_026

Go for it!

go = 가다 / for it = 그것을 위해

그것을 위해 가 봐!

한번 해 봐!

'그것을 위해 가다'라는 말은
'그것을 이루고자 나아가다 → 시도하다 → 해 보다'와 같이
의미가 확장되어 아래와 같은 뜻으로 쓰입니다.

go for it
= (목표를 이루기 위해) 한번 해 보다

응용해서 영작 & 말하기

주저하지 마. 그냥 한번 해 봐!	Don't hesitate. Just go for it!
난 두려웠지만, 한번 해 보기로 결심했어.	I was afraid, but I decided to go for it.

힌트 hesitate 주저하다 / afraid 두려운 / decide to-V ~하기로 결심하다

027

MP3_027

He's a piece of work.

a piece of work = 작품; 대단한 사람

그는 대단한 사람이야.

(빈정대며) 그는 대단한 사람이지.

사람을 대상으로 'a piece of work'라고 하면
한심해 보이는 사람을 두고 빈정대듯 '대단하다'라고
반어적으로 비꼬며 말하는 표현이 됩니다.

Someone is a piece of work.
= (빈정대며) ~는 대단한 사람이다.

응용해서 영작 & 말하기

너 또 나한테 거짓말했구나. 너 대단하다.	You lied to me again. You're a piece of work.
그가 또 늦었네. 그는 참 대단한 양반이야.	He's late again. He's a piece of work.

힌트 lie to someone ~에게 거짓말하다 / again 다시, 또 / late 늦은, 지각한

028

MP3_028

I won't let you down.

let you down = 너를 내려가게 하다

너를 내려가게 하지 않을게.

널 실망시키지 않을게.

'누군가를 내려가게 하다'라는 말은 곧
'그 사람의 기분을[기대를] 가라앉게 하다'라는 뜻으로
풀이 가능하기 때문에 아래와 같은 의미로 쓰입니다.

let someone down
= ~을 실망시키다

응용해서 영작 & 말하기

널 실망시키지 않겠다고 약속할게.	I promise I won't let you down.
널 실망시켜서 미안해.	I'm sorry I let you down.

힌트 I promise+문장 ~임을 약속한다 / I'm sorry+문장 ~이라서 미안하다

029

MP3_029

I've been trying to reach you.

⬇

I've been V–ing = (과거에 시작해 직전까지 쭉) ~했다

⬇

try to–V = ~하려고 노력하다 / reach = 연락하다

⬇

너에게 연락하려고 노력했어.

'I've been trying to–V'는
과거에 시작하여 직전까지 쭉
'무언가를 하려고 노력[시도]했다'는 의미의 표현입니다.

I've been trying to-V
= ~하려고 노력[시도]했다

응용해서 영작 & 말하기

며칠 동안 그에게 연락하려고 노력했어.
I've been trying to reach him for several days.

몇 년 동안 담배를 끊으려고 노력했어.
I've been trying to quit smoking for several years.

힌트 for several days[years] 며칠[몇 년] 동안 / quit 그만하다, 끊다 / smoking 흡연

030

MP3_030 

It was a stroke of luck.

a stroke of = ~의 일격 / luck = 행운

그건 행운의 일격이었어.

그건 뜻밖의 행운이었어.

'일격(한 번에 내려치는 것)의 행운'이라는 것은
'기대없이 갑작스레 뚝 떨어진 행운'을 의미하고,
따라서 'a stroke of luck'은 아래와 같은 의미로 쓰입니다.

a stroke of luck
= 뜻밖의 행운

응용해서 영작 & 말하기

마지막 티켓을 구한 건 뜻밖의 행운이었어.	It was a stroke of luck that I got the last ticket.
내가 널 만난 건 뜻밖의 행운이었어.	It was a stroke of luck that I met you.

힌트 get 얻다, 구하다 / last ticket 마지막 티켓 / meet ~을 만나다

001~030 나의 네이티브력 체크!

❶ 30개 문장들을 쭉 읽어 나가며 의미를 곱씹어 보세요.

❷ '이게 뭔 뜻이었지?'하는 문장이 있다면 우측 박스(□)에 체크 표시를 하세요.

❸ 체크 표시가 된 문장들은 해당 페이지로 돌아가 다시 한 번 복습하세요.

001 I put my family first. □

002 I could get the most out of it. □

003 Sometimes we don't see eye to eye. □

004 If everything goes according to plan, □

005 You're more than welcome to stay. □

006 It'll do the trick. □

007 Once you get the hang of it, it's pretty easy. □

008 As far as that is concerned, □

009 I leaned on him. □

010 I'll take a rain check. □

011 How did your summer project go? □

012 I ended up becoming an English teacher. □

013 I'll take over. □

014 It works for me. ☐

015 I'll take one for the team. ☐

016 I'll keep you posted on that. ☐

017 That's close enough. ☐

018 It's worth doing the right thing. ☐

019 I'll take that as a compliment. ☐

020 I'll get right on it. ☐

021 It's as good as new. ☐

022 They have a lot in common. ☐

023 That's typical of you. ☐

024 You look after yourself. ☐

025 What took you so long? ☐

026 Go for it! ☐

027 He's a piece of work. ☐

028 I won't let you down. ☐

029 I've been trying to reach you. ☐

030 It was a stroke of luck. ☐

현재 나의 네이티브력

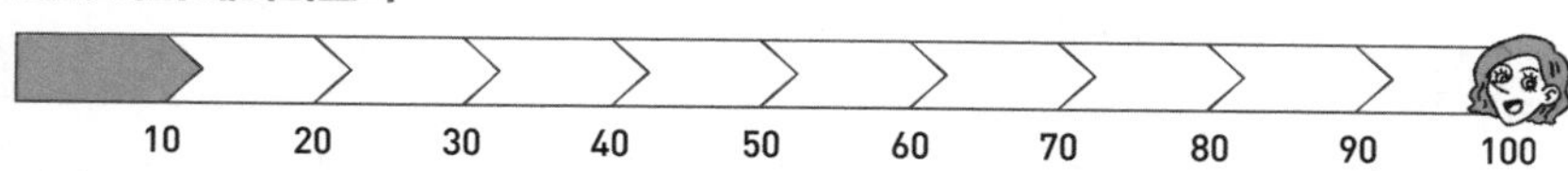

Chapter 02

네이티브력 급상승 영어 문장

031 Don't bottle up your feelings.

032 It's hard to come by.

033 You're growing on me.

034 I burnt the midnight oil.

035 Cut me some slack.

036 That would be the best-case scenario.

037 I couldn't agree more.

038 I've got a memory like a sieve.

039 It's on the house.

040 I think you should get a second opinion.

041 You are second to none!

042 Don't pull my leg.

043 Cat got your tongue?

044 You have lost the plot.

045 Let's just keep it between us.

031-060

046 You know the drill.

047 It's been a roller coaster ride.

048 I look up to you.

049 It's overrated.

050 It was a blessing in disguise.

051 I don't hold a grudge.

052 That was a close call.

053 I don't know off the top of my head.

054 I'm fed up with it.

055 I've got a lot on my plate.

056 I'm bad with directions.

057 How are you holding up?

058 All you have to do is do it.

059 What do you have in mind?

060 Don't be that way.

031

MP3_031 

Don't bottle up your feelings.

⬇

bottle(병에 담다) + up(위쪽에)

bottle up = (병에 담아 위쪽 뚜껑을 닫은 듯) 숨기다

⬇

네 감정을 숨기지 마.

'감정(feelings)'을 '병에 담은(bottle)' 후
'위(up)'에 있는 뚜껑을 닫아 봉인해 버리면
그러한 감정을 '억누르고 숨기는 것'이 됩니다.

bottle up one's feelings
= ~의 감정을 숨기다

응용해서 영작 & 말하기

네 감정을 숨길 수 있다고 생각하지 마.	Don't think you can bottle up your feelings.
네 감정을 숨기지 않는 것이 중요해.	It's important not to bottle up your feelings.

힌트 can V ~할 수 있다 / It's important not to-V ~하지 않는 것이 중요하다

032

MP3_032

It's hard to come by.

hard to-V = ~하기 어려운

come by = (힘쓴 끝에) 구하다, 얻다

그건 구하기 어려워.

'come by'는 '잠시 들르다'라는 뜻 외에
'구하다, 얻다'라는 뜻도 있기 때문에
위 표현은 아래와 같은 의미로 쓰입니다.
It's hard to come by. / It's hard to come by (something).
= 그건 구하기 어렵다. / (~을) 구하기 어렵다.

응용해서 영작 & 말하기

시골에서는
그거 구하기 어려워.

It's hard to come by
in rural areas.

이 정보
구하기 어려운 거예요.

It's hard to come by
this information.

힌트 in rural areas 시골에서 / information 정보

033

MP3_033

You're growing on me.

You're growing = 넌 자라고 있다 / on me = 나에게서

넌 나에게서 자라고 있어.

나는 네가 점점 좋아지고 있어.

'누군가가 나에게서 자란다'는 말은
'그 사람의 존재가 내 마음속에서 점점 커진다'는 뉘앙스로
해석 가능하기 때문에 아래와 같은 의미로 쓰입니다.

Someone is growing on me.
= 난 점점 ~이 좋아지고 있다.

응용해서 영작 & 말하기

나 점점 네가 조금 좋아지고 있어.	You're growing on me a bit.
나 점점 그가 좋아지고 있는 것 같아.	I think he's growing on me.

힌트 a bit 조금, 다소 / I think+문장 ~인 것 같다

034

MP3_034 

I burnt the midnight oil.

burn = 태우다 / the midnight = 자정 / oil = 기름

나 자정(에) 기름을 태웠어.

나 밤새도록 일했어.

'자정(밤 12시)에 기름을 태운다'는 말은
늦은 밤 기름을 태워 불을 밝히고 있을 정도로
열심히 무언가를 하며 '밤을 샌다'는 의미로 쓰입니다.

burn the midnight oil
= 밤을 새우다 / 밤새도록 일하다

응용해서 영작 & 말하기

나 오늘 밤 밤을 새워야 해.	I've got to burn the midnight oil tonight.
우린 밤새도록 일하기로 결심했어.	We decided to burn the midnight oil.

힌트 I've got to-V 난 ~해야 한다 / tonight 오늘 밤 / decide to-V ~하기로 결심하다

035

MP3_035 

Cut me some slack.

cut = 자르다 / some slack = 약간의 느슨한 부분(을)

나에게 느슨한 부분을 좀 잘라서 줘.

나 좀 봐줘.

위 표현은 본래 '밧줄을 느슨하게 풀어 달라'는 뜻이었으나
이것이 훗날 '마음의 긴장을 풀고 여유를 가지라'는
의미로 확장되어 아래와 같이 쓰이게 되었습니다.

cut someone some slack (on something)
= (~에 있어) ~을 좀 봐주다

응용해서 영작 & 말하기

집주인이 집세에 있어서 나를 좀 봐줄 거야.	The landlord will cut me some slack on my rent.
당신은 그녀를 좀 봐줘야 해요.	You've got to cut her some slack.

힌트 landlord 집주인 / rent 집세 / You've got to-V 넌 ~해야 한다

036

MP3_036

That would be the best-case scenario.

the best–case scenario = 최상의 시나리오

그게 최상의 시나리오일 겁니다.

그게 가장 이상적인 경우죠.

'the best–case scenario'는 말 그대로
'최상의 시나리오 → 가장 이상적인 경우'라는 의미이며
직역 그대로 '최상의 시나리오'라고 해석해서도 쓰입니다.

the best-case scenario
= 가장 이상적인 경우

응용해서 영작 & 말하기

가장 이상적인 경우를 저에게 제시해 주세요.	Give me the best-case scenario.
가장 이상적인 경우를 생각해 봐.	Think about the best-case scenario.

힌트 give me N 나에게 ~을 주다[제시하다] / think about ~에 대해 생각하다

037

MP3_037

I couldn’t agree more.

couldn’t agree = 동의할 수 없다 / more = 더 (많이)

나는 더 동의할 수 없어요.

전적으로 동의해요.

‘더 동의할 수 없다’는 말은 곧
‘이보다 더 동의할 수 없을 만큼 100% 동의한다’는 말의
비유적 표현으로서 아래와 같은 의미로 해석됩니다.

couldn’t agree more (with something)
= (~에) 전적으로 동의하다

응용해서 영작 & 말하기

우리는 당신의 논평에 전적으로 동의해요.	We couldn’t agree more with your comment.
난 네 의견에 전적으로 동의해.	I couldn’t agree more with your opinion.

힌트 comment 논평, 언급 / opinion 의견, 견해

038

MP3_038

I've got a memory like a sieve.

a memory = 기억력 / like a sieve = 체와 같은

난 체와 같은 기억력을 갖고 있어.

난 기억력이 나빠.

'체와 같은 기억력'이라는 말은 곧
체에 기억이 다 걸러져서 빠져나가 버린 듯
기억이 거의 안 남게 된 '나쁜 기억력'을 뜻합니다.

have (got) a memory like a sieve
= 기억력이 나쁘다

응용해서 영작 & 말하기

그녀는 가끔 기억력이 나빠.	She's got a memory like a sieve sometimes.
솔직히 말하면, 제가 기억력이 나빠요.	To be honest, I've got a memory like a sieve.

힌트 sometimes 가끔 / to be honest 솔직히 말해서

039

MP3_039

It's on the house.

on = (비용 등이) ~에 부과된 / the house = 식당

이건 식당에 부과된 거예요.

이건 공짜예요.

위에서 house는 '집'이 아닌 '가게[식당]'를 의미하고
식당에 '비용(it)'이 부과되면 식당이 돈을 내게 되어
손님이 돈을 낼 필요가 없으므로 아래와 같은 뜻이 됩니다.

on the house
= 공짜[무료]인

응용해서 영작 & 말하기

이거 완전 공짜예요.	It's totally on the house.
내 저녁은 무료였어.	My dinner was on the house.

힌트 totally 완전 / dinner 저녁 식사

040

MP3_040

I think you should get a second opinion.

get = 구하다 / a second opinion = 두 번째 의견(을)

넌 두 번째 의견을 구해야 할 것 같아.

넌 다른 의견도 들어 봐야 할 것 같아.

두 번째 의견이라는 것은 결국
첫 번째 의견이 아닌 '다른 의견'을 의미하고
특히 '다른 의사나 전문가의 의견[소견]'을 뜻합니다.

get a second opinion (on something)
= (~에 대해) 다른 의견을 듣다

응용해서 영작 & 말하기

넌 다른 의견도 들어봐야 해.	You need to get a second opinion.
난 그 문제에 대해 다른 의견도 들어봐야 할 것 같아.	I think I should get a second opinion on the matter.

힌트 need to-V ~해야 한다 / I think I should V 난 ~해야 할 것 같다 / matter 문제

041

MP3_041 

You are second to none!

⬇

second to none = 아무것에도 두 번째가 아닌

너는 아무것에도 두 번째가 아니야!

⬇

너는 최고야!

'아무것에도 두 번째가 아니다'라는 말은 결국
그 어떤 것에 있어서도 '2등이 아닌 1등'이라는 뜻으로
풀이되기 때문에 아래와 같은 의미로 쓰입니다.

second to none
= 최고인

응용해서 영작 & 말하기

그녀의 평판은 최고예요.	Her reputation is second to none.
나는 네가 최고라고 믿어.	I believe you are second to none.

힌트 reputation 평판 / I believe+문장 난 ~라고 믿는다

042

MP3_042 

Don't pull my leg.

pull = 잡아당기다 / my leg = 내 다리(를)

내 다리를 잡아당기지 마.

놀리지 마.

여기서 '누군가의 다리를 잡아당긴다'는 것은
그 사람을 넘어뜨리려고 '다리를 잡아당기는 장난'을
치는 것이기 때문에 아래와 같은 의미로 풀이됩니다.

pull one's leg
= ~을 놀리다

응용해서 영작 & 말하기

그는 나를 많이 놀리곤 했어.	He used to pull my leg a lot.
내가 그걸 말했을 때 그냥 널 놀린 거였어.	I was just pulling your leg when I said that.

힌트 used to-V ~하곤 했다 / a lot 많이 / when+문장 ~일 때 / say 말하다

043

MP3_043

Cat got your tongue?

cat = 고양이(가) / got = 가져갔다 / your tongue = 너의 혀(를)

고양이가 너의 혀를 가져간 거니?

왜 아무 말도 안 해?

고양이가 혀를 물고 가 버린 상황을 상상해 보세요.
혀를 뺏겼으니 당연히 '아무 말도 못 하는 상태'겠죠?
참고로 위 표현은 앞에 'Has the'가 생략된 형태입니다.

(Has the) cat got your tongue?
= 왜 아무 말도 안 해?

응용해서 영작 & 말하기

무슨 일이야?
왜 아무 말도 안 해?

What's the matter?
Cat got your tongue?

갑자기
왜 아무 말도 안 해?

Cat got your tongue
all of a sudden?

힌트 What's the matter? 무슨 일이야? / all of a sudden 갑자기

044

MP3_044

You have lost the plot.

lose = 잃어버리다 / the plot = 줄거리(를)

너 줄거리를 잃어버렸구나.

너 상황 파악이 안 되는구나.

'줄거리를 잃어버리다'라는 말은
'어떤 일이 돌아가는 상황에 대한 정보를 놓치다'라는 말로
풀이 가능하기 때문에 아래와 같은 의미로 쓰입니다.

lose the plot
= 상황 파악이 안 되다

응용해서 영작 & 말하기

그는
상황 파악을 못 하곤 했어.

He used to
lose the plot.

난
상황 파악이 안 되기 시작했어.

I began to
lose the plot.

힌트 used to-V ~하곤 했다 / begin to-V ~하기 시작하다

045

MP3_045

Let's just keep it between us.

keep it = 그걸 유지하다 / between us = 우리 사이에

그냥 우리 사이에 그걸 유지하자.

그냥 우리끼리 비밀로 하자.

'우리 사이에 그걸 유지하다'라는 말은
'남들 모르게 우리끼리만 그걸 알게끔 유지하다'라는 말로
풀이 가능하기 때문에 아래와 같은 의미로 쓰입니다.

keep it between us
= (그걸) 우리끼리 비밀로 하다

응용해서 영작 & 말하기

우리는 그걸 우리끼리 비밀로 해야 해.	We've got to keep it between us.
난 그를 놀라게 해 주려고 해. 그러니까 그냥 우리끼리 비밀로 하자.	I'm trying to surprise him. So let's just keep it between us.

힌트 We've got to-V 우리는 ~해야 한다 / surprise ~을 놀라게 하다

046

MP3_046 

You know the drill.

know = 알다 / the drill = 절차(를)

넌 절차를 알잖아.

넌 어떻게 하는지 알잖아.

위에서 drill은 '송곳'이 아닌 '절차'를 의미하고
어떤 일이 진행되는 절차를 안다는 것은 곧
그것을 '어떻게 하는지 안다'는 의미로 볼 수 있습니다.

know the drill
= 어떻게 하는지 알다

응용해서 영작 & 말하기

너 어떻게 하는지 잘 알잖아.	You know the drill well.
너 어떻게 하는지 이제 알잖아.	You know the drill by now.

힌트 well 잘 / by now 이제

047

MP3_047

It's been a roller coaster ride.

It's been = (지금까지) ~였다 / ride = 타는 것

지금까지 롤러코스터를 타는 거였어.

우여곡절이 많았어.

'롤러코스터를 타는 것이었다'라는 말은
'오르락내리락하는 롤러코스터처럼 삶의 굴곡이 많았다'는 말로
해석 가능하기 때문에 아래와 같은 의미로 쓰입니다.

It's been a roller coaster ride.
= (지금까지) 우여곡절이 많았다.

응용해서 영작 & 말하기

우여곡절이 정말 많았어요.
It's been quite a roller coaster ride.

그의 프로 경력 동안 우여곡절이 많았어.
It's been a roller coaster ride during his professional career.

힌트 quite 꽤, 정말 / during ~동안 / professional career 프로 경력

048

MP3_048

I look up to you.

look up = 올려다보다 / to you = 당신을 향해

전 당신을 향해 올려다봐요.

당신을 존경해요.

'누군가를 향해 올려다본다'라는 말은 곧
그 사람을 올려다볼 만큼 '(우러러) 존경한다'는 의미로
해석 가능하기 때문에 아래와 같은 의미로 쓰입니다.

look up to someone
= ~을 존경하다

응용해서 영작 & 말하기

난 한 인간으로서, 그리고 여전히 코치로서 그를 존경해.

I look up to him as a person and a coach still.

당신은 나에게 동기를 많이 부여해요. 그래서 난 당신을 존경해요.

You motivate me so much. So I look up to you.

힌트 as ~으로서 / human 인간 / still 여전히 / motivate ~에게 동기를 부여하다

049

MP3_049

It's overrated.

over(~이상) + rate(평가하다) = overrate(과대평가하다)

be overrated = 과대평가되다

그건 과대평가되었어.

'be overrated'는 '과대평가되다'라는 뜻의 표현이며
over 대신 under를 써서 'be underrated'라고 하면
'과소평가되다'라는 반대의 뜻이 됩니다.

be overrated / be underrated
= 과대평가되다 / 과소평가되다

응용해서 영작 & 말하기

그건 과대평가된 것 같아.	I think it's overrated.
나는 그것이 과소평가된 것에 동의해.	I agree it's underrated.

힌트 I think+문장 ~인 것 같다 / I agree+문장 나는 ~인 것에 동의한다

050

MP3_050

It was a blessing in disguise.

a blessing = 축복 / in disguise = 변장한, 가장한

그건 변장한 축복이었어.

그건 전화위복이었어.

'변장한 축복'이라는 말은
'불행으로 변장했지만 사실은 축복'이라는 뜻의 표현이며
이를 사자성어로 풀이하면 '전화위복'이 됩니다.

a blessing in disguise
= 전화위복

응용해서 영작 & 말하기

그건 나로서는 전화위복이었어.	It was a blessing in disguise for me.
나는 그게 전화위복이었다는 걸 깨달았어.	I realised it was a blessing in disguise.

힌트 for me 나에게는, 나로서는 / I realised+문장 나는 ~인 것을 깨달았다

051

MP3_051

I don't hold a grudge.

hold = 붙들다 / a grudge = 원한(을)

난 원한을 붙들고 있지 않아.

⬇

난 뒤끝 없어.

'원한을 붙들고[품고] 있지 않다'라는 말은
원한으로 인한 분노가 없는 '뒤끝 없는 감정 상태'라는
뜻이기 때문에 아래와 같은 의미로 쓰입니다.

don't hold a grudge
= 뒤끝이 없다

응용해서 영작 & 말하기

난 그것에 대한 뒤끝은 없어. — I don't hold a grudge about it.

난 누구에게도 뒤끝은 없어. — I don't hold a grudge against anyone.

힌트 about it 그것에 대해 / against anyone 누구에게도

052

MP3_052

That was a close call.

close = 아슬아슬한 / a call = 부름, 부르는 소리

그건 아슬아슬한 부름이었어.

큰일 날 뻔했어.

'a close call'에서 'call'을 '신의 부름'이라고 가정했을 경우
'아슬아슬한 신의 부름 → 거의 죽을 뻔한 상황'이라고
해석되기 때문에 아래와 같은 의미로 쓰입니다.

a close call
= 큰일 날 뻔함, 위기일발

응용해서 영작 & 말하기

보행자에게는
큰일 날 뻔한 상황이었어.

That was a close call
for a pedestrian.

거주자들에게는
큰일 날 뻔한 상황이었어.

That was a close call
for residents.

힌트 for someone ~에게 (있어) / pedestrian 보행자 / resident 거주자

053

MP3_053

I don't know off the top of my head.

off the top of my head = 내 머리 위에서 바로 나온

(내 머리 위에서 바로 나온[떠오른] 상태이므로) 지금 당장

지금 당장은 생각이 안 나.

위 문장을 직역하면
'지금 당장은(off the top of my head)+모르겠다(I don't know)'이며
여기서 '모르겠다'는 '생각이 안 난다'로 풀이됩니다.

I don't know off the top of my head.
= 지금 당장은 생각이 안 난다.

응용해서 영작 & 말하기

안타깝게도, 지금 당장은 생각이 안 나.	Unfortunately, I don't know off the top of my head.
내가 말했듯이, 지금 당장은 생각이 안 나.	Like I said, I don't know off the top of my head.

힌트 unfortunately 안타깝게도, 불행히도 / like I said 내가 말했듯이

054

MP3_054 

I'm fed up with it.

be fed up = 많이 먹임을 당하다 / with it = 그것으로

난 그것으로 많이 먹임 당했어.

나 그거 지긋지긋해.

'be fed up = 많이 먹임을 당하다'라는 표현을
'내가 싫어도 많이 먹게 되다 → 그래서 물리다'와 같이
의미를 확장시키면 결국 아래와 같은 뜻이 됩니다.

be fed up with something
= ~이 지긋지긋하다

응용해서 영작 & 말하기

솔직히, 난 그들이 지긋지긋해.	Frankly, I'm fed up with them.
난 나를 피하는 사람들이 지긋지긋해.	I'm fed up with people avoiding me.

힌트 frankly 솔직히 / people V-ing ~하는 사람들 / avoid ~을 피하다

055

MP3_055

I've got a lot on my plate.

a lot = 많은 것(을) / on my plate = 내 접시 위에

난 내 접시 위에 많은 것을 갖고 있어.

나 너무 바빠.

'접시 위에 많은 것을 갖고 있다'라는 말은
'접시 위에 먹어야 할 많은 음식이 있다'라는 뜻이고,
밑줄 친 부분을 '해야 할 많은 일'로 바꾸면 아래의 의미가 됩니다.

have (got) a lot on one's plate
= 할 일이 많다, 너무 바쁘다

응용해서 영작 & 말하기

사실,
난 너무 바빠.

In fact,
I've got a lot on my plate.

나 지금
너무 바빠.

I've got a lot on my plate
right now.

힌트 in fact 사실 / right now 지금 (당장)

056

MP3_056

I'm bad with directions.

bad with = ~에 서투른 / directions = 방향

난 방향에 서툴어.

난 길치야.

'방향에 서투른[약한]'이라는 말을
좀 더 자연스러운 한국식 표현으로 바꾸면
'길치'라는 말로 풀이됩니다.

bad with directions
= 길치인

응용해서 영작 & 말하기

난 길치가 아니야.	I'm not bad with directions.
난 심각한 길치야.	I'm seriously bad with directions.

힌트 I'm not 난 ~이지 않다 / seriously 심각하게, 엄청나게

057

MP3_057

How are you holding up?

⬇

How are you V-ing? = 어떻게 ~하고 있니? / hold up = 견디다

어떻게 견디고 있니?

견딜 만하니?

'어떻게 견디고 있느냐'라는 말은 곧
어려움을 겪고 있는 상대방에게 위로의 마음을 담아
'견딜 만하냐'고 묻는 안부 인사라 볼 수 있습니다.

How are you holding up?
= (위로의 마음을 담아) 견딜 만해?

응용해서 영작 & 말하기

요즘 견딜 만해?	How are you holding up these days?
자가 격리(하는) 동안 견딜 만해?	How are you holding up during self-isolation?

힌트 these days 요즘 / during ~동안 / self-isolation 자가 격리

058

MP3_058 

All you have to do is do it.

All you have to do = 네가 해야 할 전부(는) / do it = 그걸 하다

네가 해야 할 전부는 그걸 하는 것이다.

넌 그것을 하기만 하면 돼.

'네가 해야 할 전부는 ~하는 것이다'라는 말은 결국
'(다른 거 할 필요 없이) 넌 ~하기만 하면 된다'라고 풀이되며
is 뒤엔 보통 to를 생략한 동사원형이 나옵니다.

All you have to do is V
= 너는 ~하기만 하면 된다

응용해서 영작 & 말하기

너는 그 책을 읽기만 하면 돼.
All you have to do is read the book.

너는 돈을 쓰기만 하면 돼.
All you have to do is spend money.

힌트 read 읽다 / book 책 / spend (시간, 돈 등을) 쓰다 / money 돈

059

MP3_059

What do you have in mind?

What do you have? = 넌 무엇을 갖고 있어? / in mind = 마음속에

넌 무엇을 마음속에 갖고 있어?

미리 생각해 둔 것 있어?

위 표현은 결국 '무엇을 생각해[염두에] 두고 있냐'고 묻는 질문이며, 보통 어떤 사안에 대해 상대방에게 '미리 생각해 둔 게 있는지' 의견을 물을 때 씁니다.

What do you have in mind?
= (어떤 사안에 대해) 미리 생각해 둔 것 있어?

응용해서 영작 & 말하기

오늘 밤 저녁으로 미리 생각해 둔 것 있어?	What do you have in mind for dinner tonight?
그의 처벌에 대해 미리 생각해 둔 것 있어?	What do you have in mind for his punishment?

힌트 for ~으로, ~에 대해 / dinner 저녁 식사 / tonight 오늘 밤 / punishment 처벌

060

MP3_060

Don't be that way.

Don't be = ~이 되지 말아라 / that way = 그러한 방식

그러한 방식이 되지 마.

그렇게 행동하지 마.

'그러한 방식이 되지 말라'는 말에서
'그러한 방식'을 '그러한 방식의 행동'이라고 생각하면
위 표현은 아래와 같은 의미로 해석됩니다.

Don't be that way.
= 그렇게 행동하지 마.

응용해서 영작 & 말하기

마찬가지로, 그렇게 행동하지 마.	Likewise, don't be that way.
지금 그렇게 행동하지 마.	Now don't be that way.

힌트 likewise 마찬가지로, 똑같이, 비슷하게 / now 지금

031~060 나의 네이티브력 체크!

❶ 30개 문장들을 쭉 읽어 나가며 의미를 곱씹어 보세요.

❷ '이게 뭔 뜻이었지?'하는 문장이 있다면 우측 박스(□)에 체크 표시를 하세요.

❸ 체크 표시가 된 문장들은 해당 페이지로 돌아가 다시 한 번 복습하세요.

031 Don't bottle up your feelings. □

032 It's hard to come by. □

033 You're growing on me. □

034 I burnt the midnight oil. □

035 Cut me some slack. □

036 That would be the best-case scenario. □

037 I couldn't agree more. □

038 I've got a memory like a sieve. □

039 It's on the house. □

040 I think you should get a second opinion. □

041 You are second to none! □

042 Don't pull my leg. □

043 Cat got your tongue? □

044 You have lost the plot. ☐

045 Let's just keep it between us. ☐

046 You know the drill. ☐

047 It's been a roller coaster ride. ☐

048 I look up to you. ☐

049 It's overrated. ☐

050 It was a blessing in disguise. ☐

051 I don't hold a grudge. ☐

052 That was a close call. ☐

053 I don't know off the top of my head. ☐

054 I'm fed up with it. ☐

055 I've got a lot on my plate. ☐

056 I'm bad with directions. ☐

057 How are you holding up? ☐

058 All you have to do is do it. ☐

059 What do you have in mind? ☐

060 Don't be that way. ☐

현재 나의 네이티브력

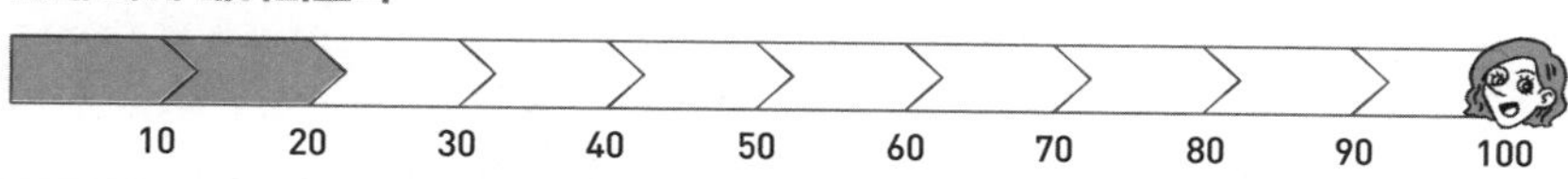

Chapter 03

네이티브력 급상승 영어 문장

061 Let's get the ball rolling.

062 It costs an arm and a leg.

063 Don't go through the motions.

064 You took the words right out of my mouth.

065 You crossed the line.

066 He knows his stuff.

067 I'm hanging in there.

068 You need to break the habit.

069 You hit the nail on the head.

070 My brain is not as good as it used to be.

071 I was ripped off.

072 I lost my train of thought.

073 I've had it!

074 You've got to bite the bullet.

075 I can't get that off my mind.

061-090

076 Don't kid yourself.

077 It's no picnic.

078 Just let it go!

079 We all have to pitch in.

080 Let's call it a day.

081 Act your age.

082 It went over my head.

083 Perk up your ears.

084 You're going to bark up the wrong tree.

085 Don't make a big deal.

086 In a nutshell,

087 Don't spill the beans.

088 This can't be happening!

089 I'm going to keep my eyes peeled.

090 I'm right behind you.

061

MP3_061

Let's get the ball rolling.

Let's = ~하자 / get the ball rolling = 공을 굴러가게 하다

공을 굴리자.

⬇

일을 시작하자.

위에서 '공을 굴리다'라는 표현은
'축구 경기 시작을 위해 공을 차서 굴리는 것'에서
유래되어 아래와 같은 비유적 의미로 쓰이게 되었습니다.

get the ball rolling
= 일을 시작하다

응용해서 영작 & 말하기

우리는 일을 시작해야 해.	We need to get the ball rolling.
나는 내가 일을 시작해야 한다는 걸 깨달았어.	I realised that I've got to get the ball rolling.

힌트 need to-V ~해야 한다 / I realised that+문장 난 ~이라는 걸 깨달았다

062

MP3_062 

It costs an arm and a leg.

cost = (~만큼) 값이 들다 / an arm and a leg = 팔과 다리

그건 팔과 다리만큼의 값이 들어.

그건 엄청 비싸.

위 표현은 전쟁터에서 군인들이
팔과 다리를 잃는 '값비싼 희생을 치르는 것'에서
아래와 같은 의미가 유래되었다고 합니다.

cost an arm and a leg
= 엄청[진짜] 비싸다

응용해서 영작 & 말하기

로스쿨에 들어가는 것은 진짜 비싸.
It costs an arm and a leg to go to law school.

이제 너는 그게 진짜 비싸다고 생각할지도 몰라.
Now you might think it costs an arm and a leg.

힌트 law school 로스쿨 / now 이제, 지금 / might V ~할지도 모른다

063

MP3_063

Don't go through the motions.

go through = 경험하다 / the motions = 같은 움직임들(을)

같은 움직임들을 경험하지 마.

하는 시늉만 하지 마.

'같은 움직임들을 경험하다'라는 말은
'같은 걸 지루하게 반복하다 → 영혼 없이 하는 시늉만 하다'로
풀이 가능하기 때문에 아래와 같은 의미로 쓰입니다.

go through the motions
= 하는 시늉만 하다

응용해서 영작 & 말하기

더 이상 하는 시늉만 하지 마.
Don't go through the motions anymore.

그냥 하는 시늉만 하지 마.
Just don't go through the motions.

힌트 Don't V ~하지 말아라 / anymore 더 이상 / Just don't V 그냥 ~하지 말아라

064

MP3_064

You took the words right out of my mouth.

took the words = 그 말을 가져갔다 / right out of = 바로 ~밖에서

네가 바로 내 입 밖에서 그 말을 가져갔어.

내가 딱 그 말을 하려고 했는데.

누군가가 '내 말을 바로 내 입 밖에서 가져갔다'라는 것은
그 사람이 '딱 내가 하려는 말을 했다'는 뜻이며, 이는 곧
'내가 딱 그 말을 하려고 했다'는 뉘앙스로 풀이됩니다.

took the words right out of my mouth
= 내가 딱 그 말을 하려고 했다

응용해서 영작 & 말하기

말했듯이, 내가 딱 그 말을 하려고 했는데.	Like I said, you took the words right out of my mouth.
마치 내가 딱 그 말을 하려고 한 것처럼 느껴졌어.	I felt as if you took the words right out of my mouth.

힌트 like I said 내가 말했듯이 / I felt as if+문장 마치 ~인 것처럼 느껴졌다

065

MP3_065

You crossed the line.

↓

cross = 넘어가다 / the line = 선(을)

↓

넌 선을 넘어갔어.

↓

넌 도가 지나쳤어.

한국어로도 '선을 넘다'라는 표현은
누군가 하지 말아야 할 행동을 했을 때
'도가 지나치다'라는 뉘앙스로 말하는 표현입니다.

cross the line
= 도가 지나치다

응용해서 영작 & 말하기

넌 분명
도가 지나쳤어.

You obviously
crossed the line.

넌 그녀의 아버지에 대해
도가 지나쳤어.

You crossed the line
about her father.

힌트 obviously 분명히, 확실히 / about ~에 대해 / father 아버지

066

MP3_066 

He knows his stuff.

know = 알다 / his stuff = 그의 일(을)

그는 그의 일을 알아.

그는 자기 일에 전문가야.

'자신의 일을 안다'라는 말은
자신의 일을 어떻게 하는지 '전문적으로 안다'라는
뉘앙스가 응축돼 있는 표현이라 보시면 됩니다.

know one's stuff
= 자기 일에 전문가이다

응용해서 영작 & 말하기

그는 진짜 자기 일에 전문가야.	He really knows his stuff.
넌 그가 자기 일에 전문가라는 걸 부인할 수 없어.	You can't deny that he knows his stuff.

힌트 really 정말, 진짜 / can't deny that+문장 ~인 걸 부인할 수 없다

067

MP3_067

I'm hanging in there.

hang = 매달리다 / in there = 그곳에

난 그곳에 매달려 있어.

난 그럭저럭 버티고 있어.

'그곳에 매달려 있다'라는 말은
'매달려 있기 힘들지만 그냥 버티며 계속 그곳에 매달려 있다'는
뉘앙스로 풀이되어 아래와 같은 의미로 쓰입니다.

hang in there
= (그럭저럭) 버티다, 견디다

응용해서 영작 & 말하기

난 아직
그럭저럭 버티고 있어.

I'm still
hanging in there.

그동안,
우리는 그럭저럭 버티고 있어.

In the meantime,
we're hanging in there.

힌트 still 아직도, 여전히 / in the meantime 그동안, 그사이에

068

MP3_068

You need to break the habit.

break = 깨다, 부수다 / the habit = 습관(을)

넌 습관을 깰 필요가 있어.

넌 습관을 고칠 필요가 있어.

'습관을 깨다'라는 말은
'(오래된) 습관을 타파하다 → 고치다'라고
풀이 가능하기 때문에 아래와 같은 의미로 쓰입니다.

break the habit (of V-ing)
= (~하는) 습관을 고치다

응용해서 영작 & 말하기

넌 술 마시는 습관을 고칠 필요가 있어.
You need to break the habit of drinking.

넌 "아니"라고 말하는 습관을 고칠 필요가 있어.
You need to break the habit of saying "no".

힌트 need to-V ~할 필요가 있다 / drink 술을 마시다 / say ~라고 말하다

069

MP3_069

You hit the nail on the head.

hit = 치다 / the nail = 못(을) / on the head = 머리 위로

넌 못을 머리 위로 쳤어.

넌 정곡을 찔렀어.

'못을 머리 위로 친다'는 것은 곧 '못의 머리를 친다'는 것이며, 여기서 '못의 머리 → 핵심 → 정곡'과 같이 의미가 확장되어 아래와 같은 의미로 해석됩니다.

hit the nail on the head
= 정곡을 찌르다

응용해서 영작 & 말하기

넌 정곡을 찌른 것 같아.	I think you hit the nail on the head.
그는 정곡을 찌르는 경향이 있어.	He tends to hit the nail on the head.

힌트 I think+문장 ~인 것 같다 / tend to-V ~하는 경향이 있다

070

MP3_070

My brain is not as good as it used to be.

as good as = ~와 마찬가지인 / it used to be = 예전에 그랬던

내 머리는 예전에 그랬던 것과 마찬가지가 아니야.

내 머리는 예전 같지 않아.

'예전에 그랬던 것과 마찬가지가 아니다'라는 말은 결국 '지금은 예전과는 다르다'라는 뜻이며, 따라서 위 표현은 아래와 같은 의미로 해석됩니다.

not as good as it used to be
= 예전 같지 않은

응용해서 영작 & 말하기

그 사업이
예전 같지 않아.

The business is
not as good as it used to be.

우리 보험 보장 범위가
예전 같지 않아.

Our insurance coverage is
not as good as it used to be.

힌트 business 사업 / insurance coverage 보험 보장 범위

071

MP3_071

I was ripped off.

rip off = 뜯어내다 → be ripped off = 뜯김 당하다

나 뜯김 당했어.

나 바가지 썼어.

'뜯김 당하다'라는 말을
좀 더 매끄러운 한국식 표현으로 다듬어서 말하면
'바가지를 쓰다'라고 풀이됩니다.

be ripped off (by someone)
= (~에 의해) 바가지를 쓰다

응용해서 영작 & 말하기

그 회사한테 바가지를 썼어.	I was ripped off by the company.
웨이트리스에게 바가지를 쓴 것 같은 기분이야.	I feel like I was ripped off by the waitress.

힌트 company 회사 / I feel like+문장 ~인 것 같은 기분이다 / waitress 웨이트리스

072

MP3_072

I lost my train of thought.

lose = 잃다 / my train of thought = 내 생각의 연속(을)

난 내 생각의 연속을 잃었어.

하려던 말을 잊었어.

'생각의 연속을 잃다'라는 말은
생각이 연속적으로 이어지지 않고 뚝! 끊어져서
'계속 하려던 생각[말]을 잊다'라는 뜻으로 풀이됩니다.

lose one's train of thought
= 하려던 생각[말]을 잊다

응용해서 영작 & 말하기

하려던 말을 완전 잊었어.	I totally lost my train of thought.
하려던 말을 잊어서 미안해.	I'm sorry I lost my train of thought.

힌트 totally 완전히 / I'm sorry+문장 ~이라서 미안하다[유감이다]

073

MP3_073

I've had it!

I've had = 나는 가졌다 / it = 그것(을)

나는 그것을 가졌어!

더 이상은 못 참겠어!

'나는 그것을 가졌다'라는 말은
'난 그것을 가질 만큼 가져서 신물이 난다'는 뉘앙스로
풀이 가능하기 때문에 아래와 같은 의미로 쓰입니다.
I've had it (with something)
= (~을) 더 이상은 못 참겠다

응용해서 영작 & 말하기

여기까지는(→정말) 더 이상은 못 참겠어!
I've had it up to here!

이 직장은 더 이상 못 참겠어!
I've had it with this job!

힌트 up to here 여기까지 (위에선 문맥상 '정말'로 해석) / job 일, 직장

074

MP3_074

You've got to bite the bullet.

bite = 물다 / the bullet = 총알(을)

넌 총알을 물고 있어야 해.

넌 참고 견뎌야 해.

위 표현은 부상당한 군인들이 수술을 받을 때
'고통을 참고 견디기 위해' 총알을 입에 물고 있던 것에서
아래와 같은 의미가 유래되었다고 합니다.

bite the bullet
= 참고 견디다

응용해서 영작 & 말하기

때때로 넌 참고 견뎌야 해.	Sometimes you've got to bite the bullet.
조만간 넌 참고 견뎌야 해.	Sooner or later you've got to bite the bullet.

힌트 sometimes 가끔, 때때로 / sooner or later 조만간, 머지않아

075

MP3_075

I can't get that off my mind.

get that off = 그것을 떨쳐내다 / my mind = 내 마음(에서)

내 마음에서 그것을 떨쳐낼 수가 없어.

머릿속에서 그걸 떨칠 수가 없어.

'get ~ off my mind'는 주로 'can't'와 맞물려
부정적인 것에 대한 생각 혹은 어떤 사람에 대한 생각을
떨쳐낼 수 없다고 말할 때 쓰입니다.

get something/someone off my mind
= 머릿속에서 ~을 떨쳐내다

응용해서 영작 & 말하기

난 머릿속에서 전혀 그걸 떨쳐낼 수가 없어. — I can't get that off my mind at all.

난 아직 머릿속에서 그녀를 떨쳐낼 수가 없어. — I still can't get her off my mind.

힌트 can't V ~할 수가 없다 / at all 전혀 / still 아직도, 여전히

076

MP3_076

Don't kid yourself.

kid = 속이다 / yourself = 너 스스로(를)

너 스스로를 속이지 마.

자신을 속이지 마.

kid가 명사일 땐 '아이'라는 뜻이지만
동사일 땐 '속이다'라는 뜻이 되기 때문에 위 표현은
상대방에게 '자신을 속이지 말라'고 권고할 때 쓰입니다.

Don't kid yourself (about something)
= (~에 대해) 너 자신을 속이지 마

응용해서 영작 & 말하기

그 효과에 대해서
너 자신을 속이지 마.

Don't kid yourself about
the effect.

네 사업이 할 수 있는 일에 대해서
너 자신을 속이지 마.

Don't kid yourself about
what your business is capable of.

힌트 effect 효과 / business 사업 / be capable of ~할 수 있다

077

MP3_077

It's no picnic.

It's no = 그건 ~이 아니다 / picnic = 소풍

그건 소풍이 아니야.

그건 쉬운 일이 아니야.

'소풍이 아니다'라는 말은 곧
'(소풍처럼) 즐겁고 쉬운 것이 아니다'라는 비유적 의미로
해석 가능하기 때문에 아래와 같은 의미로 쓰입니다.

no picnic
= 쉬운 일이 아닌

응용해서 영작 & 말하기

집주인의 삶은 쉬운 일이 아니야.	A landlord's life is no picnic.
가족을 부양하는 건 쉬운 일이 아니야.	Bringing up a family is no picnic.

힌트 landlord 집주인 / life 삶 / bring up someone ~을 기르다[부양하다]

078

MP3_078

Just let it go!

let = ~하게 놓아 두다 / it = 그것(을) / go = 가다

그냥 그것을 가게 놓아 둬!

그냥 잊어버려!

위 표현은 말 그대로 '가게 내버려 두라'는 의미,
혹은 머릿속에서 그것이 떠나가도록 내버려 둬서
'잊어버리는 상태'가 되라는 의미로 쓰입니다.

let it go
= 잊어버리다

응용해서 영작 & 말하기

난 그냥 잊어버리기로 결심했어.	I decided to just let it go.
어떻게 내가 그냥 잊을 수 있겠어?	How can I just let it go?

힌트 decide to-V ~하기로 결심하다 / How can I V? 어떻게 내가 ~할 수 있겠어?

079

MP3_079

We all have to pitch in.

We all = 우리 모두 / pitch = 던지다 / in = 안에

우리 모두 안에 던져 넣어야 해.

우리 모두 힘을 모아야 해.

위 표현은 거리 공연을 관람하던 사람들이 '모두 합심하여' 악기 가방에 돈을 던져 넣어 악사를 '응원[지지]하는' 모습을 연상하면 아래와 같은 의미로 해석 가능합니다.

all pitch in
= 모두 힘을 모으다

응용해서 영작 & 말하기

우리 모두 부모님들을 돕는 데 힘을 모아야 해요.	We all have to pitch in to help parents.
우리 모두 힘을 모으는 게 어때?	Why don't we all pitch in?

힌트 have to-V ~해야 한다 / parents 부모님 / Why don't we V? 우리 ~하는 게 어때?

080

MP3_080

Let's call it a day.

call it = 그것을 부르다 / a day = 하루 일과(라고)

그것을 하루 일과라고 부르자.

오늘은 여기까지 하자.

전기가 없던 예전엔 해가 질 무렵
'Let's call it a day'라고 외치며 '오늘 하루가 끝났다'는 사실을
알렸고, 이는 훗날 아래의 의미로 통용되게 되었습니다.

Let's call it a day.
= 오늘은 여기까지 하자.

응용해서 영작 & 말하기

오늘은 여기까지 하고 내일 마무리하자.	Let's call it a day and finish it tomorrow.
오늘은 여기까지 하고 내일 다시 오자.	Let's call it a day and come back tomorrow.

힌트 finish 끝내다, 마무리하다 / come back 다시 오다 / tomorrow 내일

081

MP3_081

Act your age.

act = 행동하다 / your age = 네 나이(로)

네 나이로 행동해.

나잇값 좀 해.

'네 나이로 행동하다'라는 말은 곧
'네 나이에 맞게 행동하다'라는 의미로 볼 수 있으며
이를 더 자연스럽게 해석하면 아래와 같이 풀이됩니다.

act your age
= 나잇값을 하다[해라]

응용해서 영작 & 말하기

넌 나잇값 좀 해야 돼.	You need to act your age.
나잇값 좀 하려고 노력해 봐.	Try to act your age.

힌트 need to-V ~해야 한다 / try to-V ~하려고 노력하다

082

MP3_082

It went over my head.

It went = 그것이 (지나)갔다 / over my head = 내 머리 위로

그것은 내 머리 위로 지나갔어.

내 머리로는 이해 못했어.

'그것이 내 머리 위로 지나갔다'라는 말은 곧
그것(어떠한 정보)이 내 머릿속에 담기지 못하고
그냥 휙 지나가버려 '이해하지 못했다'는 의미로 풀이됩니다.

It went over my head.
= 내 머리로는 이해 못했다.

응용해서 영작 & 말하기

내 머리로는 거의 이해 못했어.	It almost went over my head.
안타깝게도, 내 머리로는 이해 못한 것 같아.	Unfortunately, I think it went over my head.

힌트 almost 거의 / unfortunately 안타깝게도 / I think+문장 ~인 것 같다

083

MP3_083

Perk up your ears.

perk up = 더 활기차게 만들다 / your ears = 너의 귀(를)

너의 귀를 더 활기차게 만들어 봐.

귀 기울여 봐.

'귀를 더 활기차게 만들다'라는 말은 곧
'더 잘 들을 수 있도록 귀를 쫑긋 세우다'라는 뜻으로
해석 가능하기 때문에 아래와 같은 의미로 쓰입니다.

perk up one's ears
= 귀 기울이다

응용해서 영작 & 말하기

귀 기울이고 주의 깊게 들어 봐. — Perk up your ears and listen carefully.

귀 기울이고 마음을 열어 봐. — Perk up your ears and open your heart.

힌트 listen 듣다 / carefully 주의 깊게 / open one's heart ~의 마음을 열다

084

MP3_084

You're going to bark up the wrong tree.

bark up = 위를 향해 짖다 / the wrong tree = 잘못된 나무

넌 잘못된 나무 위를 향해 짖게 될 거야.

넌 헛다리를 짚게 될 거야.

위 표현은 사냥감이 숨어 있는 '제대로 된 나무 위'가 아닌
사냥감이 없는 '잘못된 나무 위'를 향해 짖는 개에서
비롯된 표현이며 아래와 같은 의미로 쓰입니다.

bark up the wrong tree
= 헛다리를 짚다

응용해서 영작 & 말하기

가끔, 넌 헛다리를 짚게 될 거야.	Sometimes, you're going to bark up the wrong tree.
우리는 헛다리 짚는 걸 멈춰야 해.	We've got to stop barking up the wrong tree.

힌트 We've got to-V 우리는 ~해야 한다 / stop V-ing ~하는 걸 멈추다

085

MP3_085

Don't make a big deal.

make = 만들다 / a big deal = 큰일(을)

큰일을 만들지 마.

호들갑 떨지 마.

'make a big deal(큰일을 만들다)'라는 표현은 곧 '별것도 아닌데 큰일을 만들다'라는 뉘앙스가 포함된 것으로 생각할 수 있기 때문에 아래의 의미로 사용됩니다.

make a big deal (about/out of something)
= (~에 대해/~으로) 호들갑 떨다

응용해서 영작 & 말하기

그것에 대해 호들갑 떨지 마.	Don't make a big deal about it.
우리는 이 일로 호들갑 떨고 싶지 않아.	We don't want to make a big deal out of this.

힌트 We don't want to-V 우리는 ~하고 싶지 않다 / this 이것, 이 일

086

MP3_086

In a nutshell,

In = ~안에 / a nutshell = 견과 껍질

견과 껍질 안에,

간단히 말하자면,

종이가 없던 시절엔 견과 껍질에도 글을 적어 넣었는데,
이때 핵심만 뽑아 '간단히 압축해서' 적었던 것으로부터
아래와 같은 뜻이 파생되었다고 유추됩니다.

In a nutshell,
= 간단히 말하자면,

응용해서 영작 & 말하기

간단히 말하자면,
경제가 어려움에 처해 있어.

In a nutshell,
the economy is in trouble.

간단히 말하자면,
우리에게 필요한 것은 일관성이야.

In a nutshell,
what we need is consistency.

힌트 economy 경제 / in trouble 어려움에 처한 / consistency 일관성

087

MP3_087

Don't spill the beans.

⬇

spill = 쏟다 / the bean = 콩들(을)

⬇

콩들을 쏟지 마.

⬇

비밀을 누설하지 마.

위 표현은 고대 그리스에서 흰콩과 검은콩을 써서
투표를 하다가 실수로 '콩을 흘리면 결과가 누설'되는 것에서
비롯되었다는 말이 있으며, 오늘날 아래의 뜻으로 쓰입니다.

spill the beans
= 비밀을 누설하다

응용해서 영작 & 말하기

비밀을 누설하지 않을게.	I won't spill the beans.
누구에게도 비밀을 누설하지 마.	Don't spill the beans to anybody.

힌트 won't V ~하지 않을 것이다 / to anybody 누구에게도

088

MP3_088

This can't be happening!

can't be V-ing = 하고 있을 리 없다 / happen = 일어나다

이것이 일어나고 있을 리가 없어!

말도 안 돼!

위 표현은 비상식적인 일 등을 겪었을 때
'이것이 일어나고 있을 리가 없다'고 부정함으로써
'말도 안 된다'는 뉘앙스를 표출하는 표현입니다.

This can't be happening.
= 이건 말도 안 된다.

응용해서 영작 & 말하기

우리한테 이건 말도 안 돼!	This can't be happening to us!
난 그저 이게 말도 안 된다고 생각했어.	I was just thinking this can't be happening.

힌트 to us 우리한테 / I was just thinking+문장 난 그저 ~이라고 생각했다

089

MP3_089

I'm going to keep my eyes peeled.

keep = 유지하다 / my eyes = 내 눈(을) / peeled = 벗겨진

난 내 눈을 벗겨진 상태로 유지할 거야.

난 신경 써서 볼 거야.

'내 눈을 벗겨진 상태로 유지하다'라는 말은 결국
'눈꺼풀을 열린 상태로 유지하다'라는 뜻이며, 이럴 경우
모든 것이 꼼꼼히 다 보이기 때문에 아래의 의미로 쓰입니다.

keep one's eyes peeled
= 신경 써서 보다

응용해서 영작 & 말하기

어쨌든, 난 신경 써서 볼 거야.	Anyway, I'm going to keep my eyes peeled.
난 너의 생일 선물을 신경 써서 볼 거야.	I'm going to keep my eyes peeled for your birthday present.

힌트 anyway 어쨌든 / I'm going to-V 난 ~할 거다 / birthday present 생일 선물

090

MP3_090

I'm right behind you.

right = 바로 / behind you = 너의 뒤에 (있는)

난 바로 너의 뒤에 있어.

널 전적으로 지지해.

'바로 너의 뒤에 있다'는 말은
'너의 든든한 버팀목으로서 너의 뒤에 서 있다'는 뉘앙스로
해석 가능하기 때문에 아래의 의미로 쓰입니다.

right behind someone
= ~을 전적으로 지지하는

응용해서 영작 & 말하기

내가 널 전적으로 지지하고 있다는 것만 알아줘.	Just know I'm right behind you.
내가 널 전적으로 지지하고 있다는 걸 기억해.	Remember, I'm right behind you.

힌트 Just know+문장 ~이라는 것만 알아라 / Remember, 문장 ~이라는 걸 기억하라

061~090 나의 네이티브력 체크!

❶ 30개 문장들을 쭉 읽어 나가며 의미를 곱씹어 보세요.

❷ '이게 뭔 뜻이었지?'하는 문장이 있다면 우측 박스(□)에 체크 표시를 하세요.

❸ 체크 표시가 된 문장들은 해당 페이지로 돌아가 다시 한 번 복습하세요.

061 Let's get the ball rolling. □

062 It costs an arm and a leg. □

063 Don't go through the motions. □

064 You took the words right out of my mouth. □

065 You crossed the line. □

066 He knows his stuff. □

067 I'm hanging in there. □

068 You need to break the habit. □

069 You hit the nail on the head. □

070 My brain is not as good as it used to be. □

071 I was ripped off. □

072 I lost my train of thought. □

073 I've had it! □

074 You've got to bite the bullet. ☐

075 I can't get that off my mind. ☐

076 Don't kid yourself. ☐

077 It's no picnic. ☐

078 Just let it go! ☐

079 We all have to pitch in. ☐

080 Let's call it a day. ☐

081 Act your age. ☐

082 It went over my head. ☐

083 Perk up your ears. ☐

084 You're going to bark up the wrong tree. ☐

085 Don't make a big deal. ☐

086 In a nutshell, ☐

087 Don't spill the beans. ☐

088 This can't be happening! ☐

089 I'm going to keep my eyes peeled. ☐

090 I'm right behind you. ☐

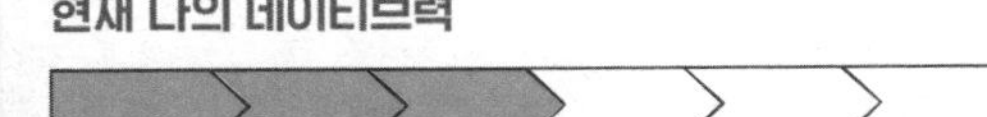

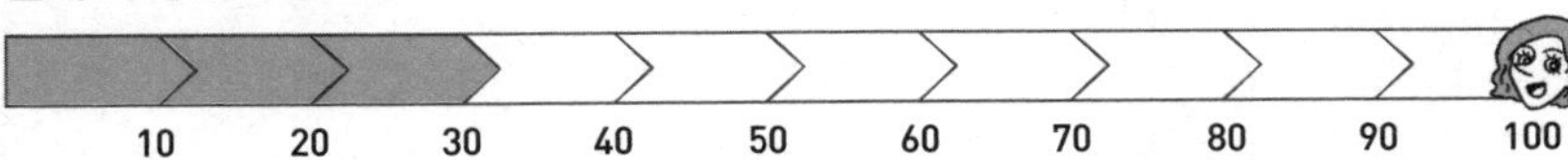

Chapter 04

네이티브력 급상승 영어 문장

091 There you go again.

092 Thanks for the heads-up.

093 Don't be a stranger.

094 Stop bugging me.

095 I've been there before.

096 We're working with a skeleton crew.

097 That's the thing.

098 It's no wonder you think that.

099 It happens all the time.

100 There is no smoking gun.

101 I'm salty.

102 You don't want to know.

103 I couldn't care less.

104 I got stuck in traffic.

105 It's a different kettle of fish.

091-120

106 We're stuck in a rut.

107 Don't hold your breath.

108 I give you my word.

109 It's a long story.

110 We've got to break the mould.

111 That's what I'm talking about.

112 The damage is done.

113 I can't sit still.

114 It's better than nothing.

115 That's just the way it is.

116 Stay focused!

117 He was quite high maintenance.

118 I went cold turkey.

119 Don't keep me waiting.

120 Get with the programme!

091

MP3_091

There you go again.

There you go = 잘 했다 / again = 다시

다시 잘 했어.

↓

또 시작이군.

'다시 잘 했어'라고 직역되는 위 표현은 칭찬이 아닌,
상대방이 안 좋은 행동을 반복해서 했을 경우
'반어적인 의미로 지적하는' 뉘앙스의 표현입니다.

There you go again.
= 또 그런다[시작이다].

응용해서 영작 & 말하기

또 그런다.	There you go again.
그만해.	Stop it.
지금	Now
또 그러네.	there you go again.

힌트 stop ~을 멈추다[그만하다] / now 지금, 이제

092

MP3_092

Thanks for the heads-up.

Thanks for = ~에 고맙다 / the heads-up = 알림, 경고

알림[경고]에 고마워.

미리 알려 줘서 고마워.

'알림[경고]에 고맙다'라고 직역되는 위 표현은
'미리 준비할 수 있도록 알림[경고]을 줘서 고맙다'라고
풀이 가능하기 때문에 아래와 같은 의미로 쓰입니다.

Thanks for the heads-up.
= 미리 알려 줘서 고맙다.

응용해서 영작 & 말하기

미리 알려줘서 고마운데,
우리는 걱정하지 않아.

Thanks for the heads-up, but
we're not worried.

미리 알려줘서 고마운데,
그건 더 이상 중요한 게 아니야.

Thanks for the heads-up, but
it doesn't matter anymore.

힌트 worried 걱정하는 / matter 중요하다, 문제되다 / anymore 더 이상

093

MP3_093

Don't be a stranger.

Don't be = ~이 되지 말아라 / a stranger = 낯선 사람

낯선 사람이 되지 말아라.

얼굴 좀 보고 살자.

'낯선 사람이 되지 말라'는 말은 곧
낯선 사람이 될 정도로 '연락을 뜸하게 하고 지내지 말자'로
풀이 가능하기 때문에 아래와 같은 의미로 쓰입니다.

Don't be a stranger.
= 얼굴 좀 보고 살자[지내자].

응용해서 영작 & 말하기

얼굴 좀 보고 살자. Don't be a stranger.
너희 모두가 보고 싶어. I want to see you all.

이제 우리는 모두 형제자매니까, 얼굴 좀 보고 살자.
We're all brothers and sisters now, don't be a stranger.

힌트 want to-V ~하고 싶다 / you all 너희 모두 / brothers and sisters 형재자매

094

MP3_094

Stop bugging me.

stop = 그만하다 / bugging me = 나를 괴롭히는 것(을)

나를 괴롭히는 것을 그만해.

귀찮게 좀 하지 마.

위 표현에서 '나를 괴롭힌다'는 것은 곧
'나를 귀찮게 한다, 나를 방해한다'는 의미로
해석 가능하기 때문에 아래와 같은 의미로 쓰입니다.

Stop bugging me.
= 귀찮게[방해] 좀 하지 마.

응용해서 영작 & 말하기

제발 귀찮게 좀 하지 마.	Please stop bugging me.
설령 네 의도가 단순할지라도 제발 귀찮게 좀 하지 마.	Please stop bugging me, even if your intention is simple.

힌트 please 제발 / even if+문장 (설령) ~일지라도 / intention 의도 / simple 단순한

095

MP3_095

I've been there before.

have been there before = 전에 거기에 가 본 적이 있다

나도 전에 거기에 가 본 적이 있어.

나도 그런 적이 있어.

'나도 전에 거기에 가 본 적이 있다'는 위 표현은
'나도 전에 그런 경험을 해 본 적이 있다'는 뉘앙스로 풀이되며,
주로 상대방의 '부정적인 경험에 공감할 때' 쓰입니다.

I've been there before.
= 나도 그런[같은 경험을 한] 적이 있다.

응용해서 영작 & 말하기

나도 그런 적이 있는 것 같아.	I think I've been there before.
때때로 나도 그런 적이 있어.	Sometimes I've been there before.

힌트 I think+문장 ~인 것 같다 / sometimes 때때로, 가끔

096

MP3_096

We're working with a skeleton crew.

skeleton = 최소한의 (인원) / crew = 선원

우리는 최소한의 선원으로 일하고 있어.

우리는 최소 인원만으로 일하고 있어.

skeleton은 '해골' 외에 '최소한의 인원'이란 뜻도 갖고 있으며, 본래 배에서 쓰이던 'skeleton crew'란 표현은 오늘날 다양한 사업/조직/단체에서 빈번히 쓰이고 있습니다.

with a skeleton crew
= 최소 인원[인력]만으로

응용해서 영작 & 말하기

그들은 아직 최소 인원만으로 일하고 있어.
They're still working with a skeleton crew.

그 병원은 최소 인원만으로 일하고 있어.
The hospital is working with a skeleton crew.

힌트 be still V-ing 아직[여전히] ~하고 있다 / work 일하다 / hospital 병원

097

MP3_097

That's the thing.

That's = 그게 ~이다 / the thing = 그것

그게 그것이다.

그게 말이지.

'그게 그것이다'라고 직역되는 위 표현은
'그게 네 생각과는 다른 그런 거다'라는 뉘앙스로 풀이되며
상대방에게 반박하는 말을 꺼내고자 운을 띄울 때 사용됩니다.

That's the thing.
= (반박하려고 운을 떼며) 그게 말이지.

응용해서 영작 & 말하기

그게 말이지.
이제 내 기억력은 괜찮아.

That's the thing.
My memory is fine now.

그게 말이지.
넌 스트레스를 숨길 수 없어.

That's the thing.
You can't hide your stress.

힌트 memory 기억(력) / fine 괜찮은 / hide 숨기다 / stress 스트레스

098

MP3_098

It's no wonder you think that.

It's no wonder = 놀라운 것[일]이 아니다

네가 그렇게 생각하는 건 놀라운 일이 아니야.

네가 그렇게 생각하는 것도 당연해.

'어떠한 사실이 놀라운 일이 아니다'라는 말은 곧 그렇게 놀라운 일이 아닐 만큼 '당연하다'라는 뉘앙스로 해석 가능하기 때문에 아래와 같은 뜻으로 쓰입니다.

It's no wonder 문장
= ~인 건[것도] 당연하다

응용해서 영작 & 말하기

그녀가 날 믿지 않는 것도 당연해.

It's no wonder she doesn't trust me.

네가 친구가 없는 것도 당연해.

It's no wonder you don't have any friends.

힌트 trust ~을 믿다 / don't have any friends 그 어떤 친구도 없다

099

MP3_099

It happens all the time.

happen = 발생하다 / all the time = 항상

그건 항상 발생해.

그건 항상 있는 일이지.

'그건 항상 발생한다'라는 말은 곧
'항상 발생할 정도로 늘 있는 일이다'라고 해석 가능하며,
주로 어떤 일에 대해 걱정 말라는 뉘앙스로 말할 때 씁니다.

It happens all the time.
= (걱정 말라는 뉘앙스로) 그건 항상 있는 일이다.

응용해서 영작 & 말하기

최근에 그건 항상 있는 일이지.	It happens all the time recently.
보아하니 그건 항상 있는 일이야.	Apparently it happens all the time.

힌트 recently 최근에 / apparently 보아하니, 듣자 하니

100

MP3_100

There is no smoking gun.

There is no = ~이 없다 / smoking gun = 연기 나는 총

연기 나는 총이 없어.

확실한 증거가 없어.

어떤 범죄 현장에 연기 나는 총이 있을 경우
그 총의 주인이 범인이라는 '확실한 증거'가 될 수 있기 때문에
'smoking gun'은 아래와 같은 의미로 쓰입니다.

smoking gun
= 확실한[명백한] 증거

응용해서 영작 & 말하기

그는 배신자지만,
확실한 증거가 없어.

He's a traitor, but
there is no smoking gun.

하지만 그들은
확실한 증거가 없었다고 말했어.

But they said
there was no smoking gun.

힌트 traitor 배신자 / They said+문장 그들이 ~라고 말했다

101

MP3_101

I'm salty.

salty = 짭짤한; 짜증이 나는

나는 짜. (X) → 나는 짜증이 나. (O)

짜증 나.

salty는 기본적으로 '짭짤한'이라는 뜻을 갖고 있지만
구어체에서는 '짜증 나는, 예민한'이라는 의미로 자주 쓰이며
주로 작고 사소한 일에 짜증이 날 경우 사용됩니다.

salty
= (특히 별것 아닌 일에) 짜증 나는

응용해서 영작 & 말하기

난 이것에 대해 완전 짜증 나.	I'm so salty about this.
이 남자는 항상 짜증 나 있어.	This guy is salty all the time.

힌트 so 너무, 완전 / guy 남자 / all the time 항상, 줄곧, 내내

102

MP3_102

You don't want to know.

don't want to-V = ~하길 원하지 않다 / know = 알다

너는 알기를 원하지 않아.

모르는 게 좋을 거야.

위 표현은 상대방이 '모르고 싶어 할 정보'이기 때문에
'알고 싶지 않을 거다 → 모르는 게 낫다'라는 뉘앙스로 쓰이며
주로 상대방이 알면 후회할 만한 상황에서 쓰입니다.

You don't want to know.
= (후회할 수 있으니) 모르는 게 좋을 거다.

응용해서 영작 & 말하기

아마도 모르는 게 좋을 거야.	Maybe you don't want to know.
모든 걸 모르는 게 좋을 거야.	You don't want to know everything.

힌트 Maybe+문장 아마도 ~일 거다 / everything 모든 것

103

MP3_103

I couldn't care less.

I couldn't = 난 ~할 수 없다 / care less = 신경을 덜 쓰다

난 신경을 덜 쓸 수가 없어.

내가 알 게 뭐야.

'신경을 덜 쓸 수가 없다'는 말은
덜 쓸 만한 신경조차 없을 만큼 '관심이 전혀 없다'는
뉘앙스로 해석되기 때문에 아래와 같은 의미로 쓰입니다.

I couldn't care less.
= 내가 알 게 뭐야. / 난 전혀 신경 안 써.

응용해서 영작 & 말하기

솔직히 말해서,
내가 알 게 뭐야.

Frankly speaking,
I couldn't care less.

계속해 봐.
내가 알 게 뭐야.

Go ahead.
I couldn't care less.

힌트 frankly speaking 솔직히 말해서 / go ahead 계속해라

104

MP3_104

I got stuck in traffic.

get stuck = 갇히다 / in traffic = 교통 속에

난 교통 속에 갇혔어.

길이 막혀서 꼼짝도 못했어.

'교통 속에 갇히다'라는 말은 곧
'교통이 혼잡하여 길 위에 발이 묶이다'라는 뜻으로
해석 가능하기 때문에 아래와 같은 의미로 쓰입니다.

get stuck in traffic
= 길이 막혀서 꼼짝도 못하다

응용해서 영작 & 말하기

우리는 몇 시간 동안 길이 막혀서 꼼짝도 못했어.	We got stuck in traffic for several hours.
우리는 어제 사고 때문에 길이 막혀 꼼짝도 못했어.	We got stuck in traffic due to an accident yesterday.

힌트 for several hours 몇 시간 동안 / due to ~때문에 / accident 사고

105

MP3_105

It's a different kettle of fish.

a kettle of fish = 물고기가 든 주전자 → (어떤) 문제

a different kettle of fish = 별개의 문제

그건 별개의 문제야.

위 표현은 오래 전 야외에서 물고기를 요리하려고
물고기를 주전자에 담아 익혔는데 너무 익어 버려서
예상과는 '다른 상황[문제]'이 된 데서 나왔다는 설이 있습니다.

a different kettle of fish
= 별개의[전혀 다른] 문제

응용해서 영작 & 말하기

난 그것이 별개의 문제라는 것을 확신해.	I'm sure that it's a different kettle of fish.
그 새로운 제안은 다른 문제야.	The new proposal is a different kettle of fish.

힌트 I'm sure that+문장 난 ~인 걸 확신한다 / proposal 제안

106

MP3_106

We're stuck in a rut.

stuck in = ~(안)에 갇힌 / a rut = 판에 박힌 생활

우린 판에 박힌 생활에 갇혀 있어.

우린 틀에 갇혀 있어.

rut은 기본적으로 '바퀴 자국'이란 뜻이 있는데
바퀴 자국은 일정한 패턴이 '반복되는 문양'이기 때문에
'판에 박힌 생활 → 틀'이라는 비유적 의미로도 쓰입니다.

stuck in a rut
= 틀에 갇혀 있는

응용해서 영작 & 말하기

난 그냥 우리가 틀에 갇힌 것 같아.	I just feel like we're stuck in a rut.
때때로 우리는 틀에 갇힐 때가 있어.	Sometimes we're stuck in a rut.

힌트 I (just) feel like+문장 난 (그냥) ~인 것 같다 / sometimes 때때로, 가끔

107

MP3_107 

Don't hold your breath.

⬇

hold = 잡다 / your breath = 너의 숨(을)

⬇

너의 숨을 잡고 있지 마.

⬇

너무 기대하지 마.

'너의 숨을 잡고 있지 말라'는 말은
'(특별한 일을 기대하며) 숨 죽이며 기다리지 말라'는 말로
해석 가능하기 때문에 아래의 의미로 사용됩니다.

Don't hold your breath.
= 너무 기대하진 말아라.

응용해서 영작 & 말하기

그냥 너무 기대하진 마.	Just don't hold your breath.
고객 서비스에 대해 너무 기대하지 마.	Don't hold your breath on customer service.

힌트 Just don't V 그냥 ~하지 말아라 / customer service 고객 서비스

108

MP3_108

I give you my word.

give you = 너에게 주다 / my word = 나의 말(을)

내가 너에게 나의 말을 줄게.

약속할게.

'너에게 나의 말을 준다'는 것은
'진심 어린 약속이 담긴 나의 말을 너에게 건네겠다'는
뉘앙스로 해석 가능하기 때문에 아래와 같이 사용됩니다.
I give you my word (that 문장)
= (~라고) 약속하겠다

응용해서 영작 & 말하기

내가 돌아올 거라고 약속할게.
I give you my word that I will come back.

다시는 이런 일 없을 거라고 약속할게.
I give you my word that this won't happen again.

힌트 come back 돌아오다 / happen 일어나다, 발생하다 / again 다시

109

MP3_109

It's a long story.

It's = 그것은 ~이다 / a long story = 긴 이야기

그것은 긴 이야기야.

말하자면 길어.

'그것은 긴 이야기이다'라는 말은 곧
'그것은 말하려면 오래 걸리는 긴 이야기이다'라는 뜻으로
해석 가능하기 때문에 아래와 같은 의미로 쓰입니다.

It's a long story.
= 말하자면 길다.

응용해서 영작 & 말하기

그게, 아마도 말하자면 길 거야.	Well, It's probably a long story.
말하자면 길지만, 간단히 말해서, 그는 체포되었어.	It's a long story, but, in a nutshell, he has been arrested.

힌트 probably 아마도 / in a nutshell 간단히 말해서 / be arrested 체포되다

110

MP3_110

We've got to break the mould.

break = 깨다, 부수다 / the mould = 틀(을)

우리는 틀을 깨야 해.

우리는 고정관념을 깨야 해.

'틀을 깨다'라는 말에서 '틀'은
정형화된 틀과 같은 '고정관념'을 의미하기 때문에
'break the mould'는 아래와 같은 의미로 사용됩니다.

break the mould
= 고정관념을 깨다

응용해서 영작 & 말하기

그는 고정관념을 깨겠다고 약속했어.	He promised to break the mould.
난 확실히 고정관념을 깨고 싶어.	I definitely want to break the mould.

힌트 promise to-V ~하겠다고 약속하다 / definitely 확실히 / want to-V ~하고 싶다

111

MP3_111

That's what I'm talking about.

what I'm talking about = 내가 이야기하고 있는 것

그것이 내가 이야기하고 있는 거야.

내 말이 그 말이야.

위 문장에서 'that(그것) = 누군가가 한 그 말'이라고 하면
'누군가가 한 그 말이 내가 이야기하고 있는 거다'라고
해석되기 때문에 아래와 같은 의미로 사용됩니다.

That's what I'm talking about.
= 내 말이 (바로) 그 말이다.

응용해서 영작 & 말하기

지금 내 말이 바로 그 말이야.	Now that's what I'm talking about.
내 말이 그 말이야. 난 그걸 하려고 노력 중이야.	That's what I'm talking about. I'm trying to do it.

힌트 now 지금, 이제 / I'm trying to-V 난 ~하려고 노력 중이다

112

MP3_112

The damage is done.

the damage = 손해(가) / is done = 일어났다, 발생했다

손해가 발생했어.

↓

돌이킬 수 없어.

위에서 '손해가 발생했다'라는 말은
'돌이킬 수 없는 손해가 이미 발생해 버렸다'라는 뉘앙스로
해석 가능하기 때문에 아래와 같은 의미로 쓰입니다.

The damage is done.
= 돌이킬 수 없다.

응용해서 영작 & 말하기

대부분은, 돌이킬 수 없어.	For the most part, the damage is done.
돌이킬 수 없는 것 같아.	It seems the damage is done.

힌트 for the most part 대부분은 / It seems+문장 ~인 것 같다

113

MP3_113 

I can't sit still.

can't V = ~하지 못하다 / sit = 앉다 / still = 가만히 있는

난 가만히 앉아 있지 못하겠어.

가만히 못 앉아 있겠어.

위 문장에서 still은 '아직'이라는 뜻이 아닌
'가만히 있는, 정지한'이라는 뜻으로 쓰였기 때문에
'can't sit still'은 아래와 같은 의미로 해석됩니다.

can't sit still
= 가만히 앉아 있질 못하다

응용해서 영작 & 말하기

우리 아이는 가만히 앉아 있질 못해.	My child can't sit still.
그는 1초도 가만히 앉아 있질 못해.	He can't sit still for even a second.

힌트 child 아이, 자녀 / for even a second 단 1초 동안도

114

MP3_114

It's better than nothing.

better = (더) 나은 / than nothing = 아무것도 아닌 것보다

그게 아무것도 아닌 것보다 나아.

그게 어디야.

'아무것도 아닌 것보다 낫다'라는 말은
'완전히 만족스럽진 않지만 없는 것보단 낫다'라는 뜻으로
해석 가능하기 때문에 아래와 같은 의미로 쓰입니다.

It's better than nothing.
= (100% 만족스럽진 않지만) 그게 어디야.

응용해서 영작 & 말하기

정말 그게 어디야.	It's **really** better than nothing.
분명 그게 어디야.	It's **obviously** better than nothing.

힌트 really 정말, 진짜 / obviously 분명히, 확실히, 명백히

115

MP3_115

That's just the way it is.

That's just = 그게 바로 ~이다 / the way it is = 그것인 방식

그게 바로 그것인 방식이야.

그게 원래 그런 거야.

'그게 바로 그것인 방식이다'라는 말은
'그게 원래 그렇다'라는 뜻으로 해석 가능하며,
여기엔 싫어도 받아들여야 한다는 뉘앙스가 내포돼 있습니다.

That's just the way it is.
= (어쩔 수 없이) 그게 원래 그렇다.

응용해서 영작 & 말하기

그게 원래 그런 것 같아.
I feel like that's just the way it is.

그게 원래 그런 거라면 받아들일 수 있어.
I can accept it if that's just the way it is.

힌트 I feel like+문장 ~인 것 같다 / accept 받아들이다 / if+문장 ~라면

116

MP3_116

Stay focused!

stay = ~한 상태를 유지하다 / focused = 집중한

집중한 상태를 유지해!

집중해!

stay는 보통 '머무르다'라는 뜻으로 쓰이지만
'~한 상태를 유지하다'라는 뜻으로도 쓰이기 때문에
'focused(집중한)'와 합해지면 아래와 같은 의미가 됩니다.

stay focused
= 집중하다

응용해서 영작 & 말하기

넌 집중할 수 있어!	You can stay focused!
집중하고 절대 속도를 늦추지 마.	Stay focused and never slow down.

힌트 Never V 절대 ~하지 말아라 / slow down 속도를 늦추다

117

MP3_117

He was quite high maintenance.

quite = 상당히 / high maintenance = 세심한 관리가 필요한

그는 상당히 세심한 관리가 필요했어.

그는 진짜 손이 많이 가는 스타일이었어.

'세심한 관리가 필요하다'라는 말은 결국
세심한 관리가 필요하여 '손이 많이 가다'라는 말로
해석 가능하기 때문에 아래와 같은 의미로 쓰입니다.

high maintenance
= 손이 많이 가는 스타일인

응용해서 영작 & 말하기

그는 감정적으로 손이 많이 가는 스타일이었어.	He was emotionally high maintenance.
그가 진짜 손이 많이 가는 스타일임에도, 우리는 그를 받아들였어.	We accepted him, even if he is quite high maintenance.

힌트 emotionally 감정적으로 / accept 받아들이다 / even if+문장 ~임에도

118

MP3_118 

I went cold turkey.

go = (~하게) 되다 / cold turkey = 차가운 칠면조

난 차가운 칠면조가 됐어.

단번에 끊었어.

'차가운 칠면조가 되다'라는 말은 실제 중독 물질을 끊은 중독자들의 피부가 차가운 칠면조 피부처럼 변하는 것에서 유래되어 아래와 같은 의미가 되었다는 설이 있습니다.

go cold turkey
= (중독을) 단번에 끊다

응용해서 영작 & 말하기

넌 (중독을) 단번에 끊어야 해.	You've got to go cold turkey.
난 어젯밤에 (중독을) 단번에 끊었어.	I went cold turkey last night.

힌트 You've got to-V 넌 ~해야 한다 / last night 어젯밤에

119

MP3_119

Don't keep me waiting.

keep me waiting = 나를 기다리게 유지시키다

나를 기다리게 유지시키지 마.

나를 기다리게 하지 마.

'나를 기다리게 유지시키다'라는 말은 결국
'나를 계속 기다리게 만들다 → 나를 기다리게 하다'라고
풀이되며, 'Don't'를 더해 아래와 같은 의미로 사용합니다.

Don't keep me waiting.
= 나를 기다리게 하지 마.

응용해서 영작 & 말하기

제발 나를 기다리게 하지 마세요.	Please don't keep me waiting.
밖에서 나를 기다리게 하지 마.	Don't keep me waiting outside.

힌트 Please don't V 제발 ~하지 말아라 / outside 밖에서

120

MP3_120

Get with the programme!

get with = ~을 따라 가다 / the programme = 프로그램

프로그램을 좀 따라 가!

분위기 파악 좀 해!

'(이미 마련된/정해진) 프로그램을 따라 가라'는 말은
이미 정해진 절차가 있으니 '제대로 파악해서 따르라'는 뜻이며,
상황 파악을 못하고 있는 사람에게 아래와 같은 의미로 씁니다.

get with the programme
= 분위기 파악을 하다[해라]

응용해서 영작 & 말하기

분위기 파악을 할 때야.
It's time to get with the programme.

넌 분위기 파악을 하는 게 나아.
You had better get with the programme.

힌트 It's time to-V 이제 ~할 때이다 / You had better V 넌 ~하는 게 낫다

091~120 나의 네이티브력 체크!

❶ 30개 문장들을 쭉 읽어 나가며 의미를 곱씹어 보세요.

❷ '이게 뭔 뜻이었지?'하는 문장이 있다면 우측 박스(□)에 체크 표시를 하세요.

❸ 체크 표시가 된 문장들은 해당 페이지로 돌아가 다시 한 번 복습하세요.

091 There you go again. □

092 Thanks for the heads-up. □

093 Don't be a stranger. □

094 Stop bugging me. □

095 I've been there before. □

096 We're working with a skeleton crew. □

097 That's the thing. □

098 It's no wonder you think that. □

099 It happens all the time. □

100 There is no smoking gun. □

101 I'm salty. □

102 You don't want to know. □

103 I couldn't care less. □

104 I got stuck in traffic. ☐

105 It's a different kettle of fish. ☐

106 We're stuck in a rut. ☐

107 Don't hold your breath. ☐

108 I give you my word. ☐

109 It's a long story. ☐

110 We've got to break the mould. ☐

111 That's what I'm talking about. ☐

112 The damage is done. ☐

113 I can't sit still. ☐

114 It's better than nothing. ☐

115 That's just the way it is. ☐

116 Stay focused! ☐

117 He was quite high maintenance. ☐

118 I went cold turkey. ☐

119 Don't keep me waiting. ☐

120 Get with the programme! ☐

현재 나의 네이티브력

10 20 30 40 50 60 70 80 90 100

Chapter 05

네이티브력 급상승 영어 문장

121 Give me a ballpark figure.
122 What's your best guess?
123 It's a pain in the neck.
124 It keeps me on my toes.
125 We'll lie low.
126 It blows me away.
127 I'm susceptible to it.
128 I'll level with you.
129 They had it coming.
130 I'll spare you the details.
131 Bad news travels fast.
132 Why the long face?
133 What's the occasion?
134 I had a blast!
135 Don't fall for it.

121-150

136 Suit yourself!

137 It was put on ice.

138 You've lost me.

139 I'm on cloud nine.

140 She was thirsty.

141 There's nothing to it.

142 But there's a twist.

143 We're out of the woods.

144 Let's play it by ear.

145 Don't even bring it up.

146 Your eyes are bigger than your stomach.

147 It's not even close.

148 I don't blame you.

149 Don't let it bother you.

150 I'm at your service.

121

MP3_121

Give me a ballpark figure.

a ballpark figure = 야구장 관중의 대략적인 숫자

야구장 관중의 대략적인 숫자를 알려 줘.

대략적인 수치를 알려 줘.

본래 'ballpark(야구장)+figure(숫자)'라는 표현은 야구 해설가가 '야구장 관중의 어림잡은 숫자'를 설명할 때 쓰는 표현이었으며, 오늘날엔 '대략적인 수치'를 뜻하는 표현이 되었습니다.

give someone a ballpark figure
= ~에게 대략적인 수치를 알려 주다

응용해서 영작 & 말하기

저에게 대략적인 수치를 알려 주시겠어요?	Could you give me a ballpark figure?
그녀는 비용에 대한 대략적인 수치를 우리에게 알려줬어.	She gave us a ballpark figure for the cost.

힌트 Could you V? ~해 주시겠어요? / for the cost 비용에 대한

122

MP3_122

What's your best guess?

your best guess = 너의 최고의 짐작[추측]

너의 최고의 짐작은 뭐야?

대략적으로 짐작해 봐.

'너의 최고의 짐작은 무엇이냐?'라는 질문은 결국 '가장 가능성 있는 게 무엇인지 잘 좀 짐작해 봐라'라고 요구하는 표현이라 볼 수 있으므로 아래와 같은 의미로 쓰입니다.

What's your best guess?
= 대략적으로 짐작해 봐라.

응용해서 영작 & 말하기

그게 언제 끝났는지 대략적으로 짐작해 봐.
What's your best guess on when it ended?

병아리가 언제 부화했는지 대략적으로 짐작해 봐.
What's your best guess on when the chick hatched?

힌트 when+주어+동사 언제 ~가 ~하는지 / chick 병아리 / hatch 부화하다

123

MP3_123

It's a pain in the neck.

a pain = 통증 / in the neck = 목 안의

그건 목 안의 통증이야.

그건 골칫거리야.

'목 안의 통증'이라는 말은
날 불편하게 하는 목 안의 통증처럼 '골칫거리'라는 말로
해석 가능하기 때문에 아래와 같은 비유적 의미로 쓰입니다.

a pain in the neck
= 골칫거리

응용해서 영작 & 말하기

그건 정말 골칫거리야.	It's a real pain in the neck.
그건 항상 골칫거리야.	It's always a pain in the neck.

힌트 It's a real N 그건 정말 ~이다 / It's always N 그건 항상 ~이다

124

MP3_124

It keeps me on my toes.

keep = 유지시키다 / on my toes = 내 발가락 위에 (있게)

그건 나를 내 발가락 위에 있게 유지시켜.

그건 나를 긴장하게 해.

위 표현은 육상 선수가 뛰기 직전 스타트 블록에
'발가락을 딛은 채 긴장된 상태를 유지하고 있는 모습'을
떠올리면 아래와 같은 비유적 의미로 해석 가능합니다.

keep me on my toes
= 나를 긴장하게 하다

응용해서 영작 & 말하기

그건 확실히 나를 긴장하게 해.	It certainly keeps me on my toes.
그건 약간 나를 긴장하게 해.	It keeps me on my toes a little bit.

힌트 It certainly V 그건 확실히 ~한다 / It V a little bit 그건 약간 ~한다

125

MP3_125

We'll lie low.

We'll = 우리는 ~할 거다 / lie low = 낮게 눕다

우리는 낮게 누울 거야.

우리는 남의 시선을 끌지 않을 거야.

'낮게 눕다'라는 말은
낮게 누워서 '남의 눈에 띄지 않다'라는 뜻으로
해석 가능하기 때문에 아래와 같은 의미로 쓰입니다.

lie low
= 남의 시선을 끌지 않다

응용해서 영작 & 말하기

그는 남의 시선을 끌지 않기로 결심했어. — He decided to lie low.

넌 남의 시선을 끌지 않는 것이 나을 거야. — You had better lie low.

힌트 decide to-V ~하기로 결심하다 / You had better V 넌 ~하는 것이 낫다

126

MP3_126 

It blows me away.

blow = 날려 보내다 / me = 나(를) / away = 다른 데로

그것은 나를 다른 데로 날려 보내.

그건 나를 감동시켜.

'blow someone away'는 평범한 감정 상태에 머물러 있는 사람을 '다른 격한 감정 상태로 날려 보내다 → 감동받게 만들다'라는 뉘앙스로 이해하면 아래와 같은 의미로 해석됩니다.

blow someone away
= ~을 감동시키다

응용해서 영작 & 말하기

그것이 그냥 날 감동시켜.	It just blows me away.
그것이 여전히 그녀를 감동시키지.	It still blows her away.

힌트 It just V 그것은 그냥 ~한다 / It still V 그것은 여전히 ~한다

127

MP3_127

I'm susceptible to it.

susceptible = 민감한

I'm susceptible to = 난 ~에 민감하다

난 그것에 민감해.

susceptible은
'어떤 것에 의해 쉽게 영향을 받거나 상처를 받는'이라는
뜻이기 때문에 '(어떤 것에) 민감한'이라고 풀이됩니다.

susceptible to something
= ~에 민감한

응용해서 영작 & 말하기

그는 추위에 민감해.	He is susceptible to cold.
토양은 침식에 매우 민감해.	Soil is very susceptible to erosion.

힌트 cold 추운; 추위 / soil 토양, 흙 / very 매우, 아주 / erosion 침식, 부식

128

MP3_128

I'll level with you.

level = 대등해지다 / with you = 너와

난 너와 대등해질 거야.

솔직히 말할게.

위 표현은 자신이 알고 있는 사실을 다른 사람 또한
'똑같이 알게끔 만들어서' 그 사람과 한 배를 탄 대등한 관계가
되겠다는 뉘앙스의 표현이기 때문에 아래의 의미로 해석됩니다.

level with someone
= ~에게 솔직하게 말하다

응용해서 영작 & 말하기

그녀는 나에게 솔직하게 말하지 않았어.	She didn't level with me.
넌 부모님께 솔직히 말해야 해.	You've got to level with your parents.

힌트 didn't V ~하지 않았다 / You've got to-V 넌 ~해야 한다 / parents 부모님

129

MP3_129

They had it coming.

had it coming = 그것을 오게 했다

그들은 그것을 오게 했어.

그들이 자초한 일이야.

'그것을 오게 했다'는 말은 곧
'그것을 오게끔 자초했다'는 의미로 해석 가능하며,
여기서 'it(그것)'은 '안 좋은 것[일]'을 뜻합니다.

Someone had it coming.
= (부정적 뉘앙스로) ~이 자초한 일이다.

응용해서 영작 & 말하기

네가 자초한 일인 것 같아.	I'm afraid you had it coming.
몇 년 동안 그가 자초해 왔던 일이야.	He has had it coming for years.

힌트 I'm afraid+문장 (유감이지만) ~인 것 같다 / for years 몇 년 동안

130

MP3_130 

I'll spare you the details.

spare = 모면하게 하다 / the details = 세세한 내용(을)

네가 세세한 내용을 모면하게 해 줄게.

자세한 건 생략할게.

'세세한 내용을 모면하게 해 주겠다'라는 말은 결국
상대방이 세세한 내용을 다 알 필요가 없게끔
'자세한 내용을 생략해 주겠다'는 의미로 해석됩니다.

I'll spare you the details (of ~)
= (~에 대한) 자세한 건 생략하겠다

응용해서 영작 & 말하기

그것이 어떻게 작동되는지 자세한 건 생략할게.
I'll spare you the details of how that works.

내가 여기 어떻게 왔는지 자세한 건 생략할게.
I'll spare you the details of how I got here.

힌트 how+주어+동사 어떻게 ~가 ~하는지 / work 작동하다 / get here 여기에 오다

131

MP3_131

Bad news travels fast.

bad news = 나쁜 소식(은) / travel = 이동하다 / fast = 빠르게

나쁜 소식은 빠르게 이동해.

나쁜 소식은 빨리 퍼지기 마련이지.

'나쁜 소식은 빠르게 이동한다'라는 말은 결국
'나쁜 소식은 빨리 퍼진다'라는 말로 풀이될 수 있으며,
'발 없는 말이 천리 간다'라는 속담과도 유사한 표현입니다.

Bad news travels fast.
= 나쁜 소식은 빨리 퍼진다.

응용해서 영작 & 말하기

너도 알다시피, 나쁜 소식은 빨리 퍼지기 마련이지.	As you know, bad news travels fast.
나쁜 소식은 빨리 퍼지니까 우리는 약간 비관적이야.	Bad news travels fast, so we are a little pessimistic.

힌트 as you know 너도 알다시피 / a little 약간, 다소 / pessimistic 비관적인

132

MP3_132 

Why the long face?

Why = 왜 / the long face = 긴 얼굴

왜 긴 얼굴이야?

왜 시무룩해?

사람들이 우울하거나 시무룩할 땐 보통
입꼬리가 아래로 축 처져 '길어 보이는 얼굴'이 되기 때문에
'the long face = 시무룩한[우울한] 표정'을 뜻합니다.
Why the long face?
= 왜 시무룩해[우울한 표정이야]?

응용해서 영작 & 말하기

그것에 대해 왜 시무룩해?	Why the long face about it?
넌 네가 원했던 모든 걸 가졌는데 왜 시무룩해?	You got everything you wanted, so why the long face?

힌트 get 얻다, 가지다 / everything you wanted 네가 원했던 모든 것

133

MP3_133

What's the occasion?

What's ~? = ~은 무엇이냐? / the occasion = 그 일[행사]

그 일[행사]은 뭐야?

무슨 날이야?

'그 일[행사]은 무엇이냐'라고 묻는 질문은
'무슨 일[행사]이길래 그렇게 좋아 보이냐'라고 묻는 의도가
내포된 질문이기 때문에 아래와 같은 의미로 쓰입니다.

What's the occasion?
= (좋은 의미로) 무슨 날이야?

응용해서 영작 & 말하기

너 정말 멋져 보여! 무슨 날이야?	You look gorgeous! What's the occasion?
모두가 차려입었네. 무슨 날이야?	Everyone is dressed up. What's the occasion?

힌트 look ~해 보이다 / gorgeous 멋진 / everyone 모두 / dressed up 차려입은

134

MP3_134

I had a blast!

have = 가지다 / a blast = 폭발(을)

난 폭발을 가졌어!

진짜 재미있었어!

위에서 'blast'는 단순 폭발이 아닌
'흥의 폭발 → 진짜 신나는[재미있는] 경험'이라는
비유적 의미로 쓰였기 때문에 아래와 같이 해석됩니다.

have a blast
= 진짜 재미있는 시간을 보내다

응용해서 영작 & 말하기

우리 진짜 재미있었던 것 같아.	I think we had a blast.
난 너희들과 진짜 재미있었어.	I had a blast with you guys.

힌트 I think+문장 ~인 것 같다 / you guys 너희들

135

MP3_135

Don't fall for it.

fall for = ~에 빠지다 / it = 그것

그것에 빠지지 마.

속지 마.

'어떤 것에 빠지다'라는 말은 좋은 의미로 쓰일 수도 있지만 '사실이 아닌 것에 빠져 그것을 믿다'라는 부정적 의미로도 쓰이기 때문에 아래와 같이 해석되기도 합니다.

fall for something
= ~에 속다

응용해서 영작 & 말하기

제발 그거에 속지 마세요!	Please don't fall for it!
우리는 완전히 그것에 속았어.	We totally fell for it.

힌트 Please don't V 제발 ~하지 말아라 / totally 완전히

136

MP3_136

Suit yourself!

suit = 편리하게 하다 / yourself = 너 자신(에게)

너 자신에게 편리하게 해!

⬇

네 마음대로 해!

'너 자신에게 편리하게 하라'는 말은 결국
'너에게 편한대로 하라 → 네 마음대로 하라'는 뜻으로
풀이되며, 상황에 따라 긍정적/부정적 뉘앙스로 쓰입니다.

suit yourself
= 네 마음대로 하다

응용해서 영작 & 말하기

네 마음대로 해도 돼.	You may suit yourself.
공식적으로 넌 네 마음대로 할 수 없어.	Officially you can't suit yourself.

힌트 may V ~해도 된다 / officially 공식적으로 / can't V ~할 수 없다

137

MP3_137

It was put on ice.

be put = 놓이다 / on ice = 얼음 위에

그것은 얼음 위에 놓였어.

그것은 보류되었어.

어떤 것이 '얼음 위에 놓이다'라는 말은
그것이 얼음 위에서 냉기로 인해 얼어붙어 정지되어
더 이상 진행되지 못하고 '보류되다'라는 뜻으로 풀이됩니다.

be put on ice
= 보류되다, 연기되다

응용해서 영작 & 말하기

많은 거래가 보류되었어.	A number of deals were put on ice.
그 거래는 3개월간 보류되었어.	The deal was put on ice for three months.

힌트 a number of N(복수형) 많은 ~ / deal 거래 / for three months 3개월간

138

MP3_138

You've lost me.

You've lost = 넌 잃어버렸다 / me = 나(를)

넌 나를 잃어버렸어.

네 말 못 알아들었어.

'너는 나를 잃어버렸다'라는 말은 곧
'너는 나와 통하지 못했다 → 네 말이 내게 닿지 않았다'로
해석 가능하기 때문에 아래와 같은 의미로 쓰입니다.

You've lost me.
= 네 말을 못 알아들었다.

응용해서 영작 & 말하기

개인적으로, 네 말을 못 알아들었어.	Personally, you've lost me.
지지자로서 당신 말을 못 알아들었어요.	You've lost me as a supporter.

힌트 personally 개인적으로 / as someone ~으로서 / supporter 지지자

139

MP3_139

I'm on cloud nine.

on cloud nine = 아홉 번째 구름 위에 있는

난 아홉 번째 구름 위에 있어.

기분이 너무 좋아.

'아홉 번째 구름 위에 있다'는 표현은
지구상에서 가장 높이 떠 있는 아홉 번째 구름 위에서
세상을 내려다보는 것만큼 '기분이 매우 좋다'는 뜻입니다.

be on cloud nine
= 기분이 너무 좋다

응용해서 영작 & 말하기

너 기분이 너무 좋아 보여.	You seem to be on cloud nine.
그는 그의 아내가 아이를 가진 후 기분이 너무 좋았어.	He was on cloud nine after his wife had the baby.

힌트 seem to-V ~하는 걸로 보인다 / have a baby 아이를 갖다

140

MP3_140

She was thirsty.

thirsty = 목마른; 관심을 원하는

그녀는 관심을 원했어.

그녀는 관심받고 싶어 했어.

thirsty는 기본적으로 '목마른'이라는 뜻이지만
문맥에 따라 '관심에 목마른 → 관심을 원하는'이라고
풀이될 수 있기 때문에 아래와 같이 해석 가능합니다.

thirsty
= 관심받고 싶어 하는

응용해서 영작 & 말하기

그녀는 SNS 상에서 관심받고 싶어 했어.	She was thirsty on social media.
난 관심받고 싶지 않아!	I'm not thirsty!

힌트 social media 소셜미디어, SNS / I'm not 난 ~(한 상태)이지 않다

141

MP3_141

There's nothing to it.

There's nothing = 아무것도 없다 / to it = 그것에

그것엔 아무것도 없어.

그거 별거 아니야.

'그것에 아무것도 없다'라는 말은 곧
'그것이 아무것도 없는 빈껍데기'라는 뉘앙스로
풀이 가능하기 때문에 아래와 같은 의미로 쓰입니다.

There's nothing to it.
= 그거 별거 아니다.

응용해서 영작 & 말하기

그건 별거 아니었어.	There was nothing to it.
그건 완전 별거 아니야.	There's absolutely nothing to it.

힌트 [현재형] There is → [과거형] There was / absolutely 전적으로, 완전히

142

MP3_142 

But there's a twist.

But there's = 하지만 ~이 있다 / a twist = (예상 밖의) 전환

하지만 예상 밖의 전환이 있어.

하지만 반전이 있어.

twist는 기본적으로 '돌리기, 비틀기'라는 뜻이지만
문맥에 따라 '(예상 밖의) 전환 → 반전'이라고
풀이될 수 있기 때문에 아래와 같이 해석 가능합니다.

But there's a twist.
= 하지만 반전이 있다.

응용해서 영작 & 말하기

하지만 이야기에 반전이 있어.	But there's a twist in the tale.
모든 것이 평범해 보이지만, 반전이 있어.	Everything looks normal, but there's a twist.

힌트 tale 이야기 / everything 모든 것 / look ~해 보이다 / normal 평범한

143

MP3_143

We're out of the woods.

out of = ~에서 나온 / the woods = 숲

우린 숲에서 나왔어.

우리는 고비를 넘겼어.

'숲에서 나왔다'라는 말에서 '숲'은
포식자와 같은 '위험 요소들이 도사리고 있는 장소'를
뜻하기 때문에 'out of the woods'는 아래의 의미로 쓰입니다.

out of the woods
= 고비를 넘긴

응용해서 영작 & 말하기

우리는 아직 고비를 넘기지 않았어.	We're not out of the woods yet.
우리는 완전히 고비를 넘기지 않았어.	We're not completely out of the woods.

힌트 yet 아직 / completely 완전히, 전적으로

144

MP3_144

Let's play it by ear.

play it = 그것을 연주하다 / by ear = 귀로 (듣고)

귀로 듣고 그것을 연주하자.

즉흥적으로 하자.

'귀로 듣고 연주하다'라는 말은
악보를 보지 않고 '귀로 듣고 즉흥적으로 연주하다'라는
뉘앙스로 해석 가능하기 때문에 아래의 의미로 쓰입니다.

play it by ear
= 즉흥적으로 하다

응용해서 영작 & 말하기

그는 즉흥적으로 하기로 결심했어.	He decided to play it by ear.
넌 즉흥적으로 하는 게 더 나아.	You had better play it by ear.

힌트 decide to-V ~하기로 결심하다 / You had better V 넌 ~하는 게 더 낫다

145

MP3_145

Don't even bring it up.

Don't even = ~하지도 마라 / bring it up = 그것을 꺼내다

그것을 꺼내지도 마.

그 얘긴 꺼내지도 마.

'그것을 꺼내지도 마'에서 '그것(it)'은
'(논의되고 있는) 화제, 이야기' 등을 의미하기 때문에
아래와 같은 의미로 해석 가능합니다.

Don't even bring it up.
= 그 얘긴 꺼내지도 마.

응용해서 영작 & 말하기

다신 그 얘기 꺼내지도 마.	Don't even bring it up again.
제발 그 얘긴 꺼내지도 마.	Please don't even bring it up.

힌트 again 다시, 또 / Please don't V 제발 ~하지 말아라

146

MP3_146 

Your eyes are bigger than your stomach.

eyes = 눈 / bigger = 더 큰 / stomach = 위(장)

너의 눈은 너의 위장보다 크구나.

너는 식탐이 대단하구나.

위 표현은 뷔페에서 '눈을 부릅뜨고
위장에 다 넣지도 못할 많은 음식'을 가져오는 상황을
떠올리면 아래와 같은 의미로 해석 가능합니다.

One's eyes are bigger than one's stomach.
= ~은 식탐이 대단하다.

응용해서 영작 & 말하기

넌 식탐이 정말 대단하구나.	Your eyes are **really** bigger than your stomach.
그의 식탐은 대단할 거야.	His eyes **will be** bigger than his stomach.

힌트 really 진짜, 정말 / will be ~일 것이다

147

MP3_147

It's not even close.

It's not even = 그건 ~하지도 않다 / close = 가까운

그건 가깝지도 않아.

어림도 없지.

위 표현은 '어떠한 기준치[상황]에 가깝게 닿지도 않았다',
그렇기 때문에 '턱없이 부족하다, 한참 멀었다'라는 뉘앙스로
해석 가능하기 때문에 아래와 같은 의미로 쓰입니다.

It's not even close.
= (그건) 어림도 없다.

응용해서 영작 & 말하기

불행하게도, 그건 어림도 없지.	Unfortunately, it's not even close.
넌 내 상대가 안 돼. 어림도 없지!	You're no match for me. It's not even close!

힌트 unfortunately 불행하게도 / be no match for someone ~의 상대가 안 된다

148

MP3_148

I don't blame you.

I don't = 난 ~하지 않는다 / blame you = 널 비난하다

난 널 비난하지 않아.

그럴 만도 하지.

'(어떤 일을 한) 상대방을 비난하지 않는다'는 말은
'상대방이 그런 일을 충분히 할 만했다고 이해한다'는 의미를
내포하고 있기 때문에 위 표현은 아래의 뜻으로 쓰입니다.

I don't blame you (for V-ing)
= (~한 건) 그럴 만도 하다

응용해서 영작 & 말하기

네가 화난 건 그럴 만도 하지. (= 네가 화날 만도 하지.)	I don't blame you for being angry.
아주 솔직히 말하면, 그럴 만도 하지.	Quite frankly, I don't blame you.

힌트 be angry 화나다 / quite frankly 아주 솔직히 말하면

149

MP3_149

Don't let it bother you.

Don't let = 놔두지 마라 / it bother you = 그것이 널 괴롭히게

그것이 널 괴롭히게 놔두지 마.

그것 때문에 신경 쓰지 마.

'그것이 널 괴롭히게 놔두지 말라'는 말은 곧
'별것도 아닌 그 일이 네 마음을 괴롭히게 놔두지 말라'는
뉘앙스로 해석 가능하기 때문에 아래의 의미로 쓰입니다.

Don't let it bother you.
= 그것 (때문에) 신경 쓰지 말아라.

응용해서 영작 & 말하기

그냥 그거 신경 쓰지 마.	Just don't let it bother you.
그냥 그걸 사고, 그것 때문에 신경 쓰지 마.	Just buy it, and don't let it bother you.

힌트 Just don't V 그냥 ~하지 말아라 / Just V 그냥 ~해라 / buy 사다

150

MP3_150

I'm at your service.

at your service = 당신의 고용(살이)에 있는

전 당신의 고용(살이)에 있어요.

뭐든 시켜만 주세요.

'난 당신의 고용(살이)에 있다'라는 말은
내가 당신의 일을 해 줄 수 있는 고용(살이)에 딱 대기해 있으니
'뭐든 할 수 있다 → 뭐든 시켜만 달라'는 의미로 쓰입니다.

I'm at your service.
= 뭐든 시켜만 달라.

응용해서 영작 & 말하기

항상 뭐든 시켜만 줘.	I'm at your service all the time.
별말씀을요. 뭐든 시켜만 주세요.	Don't mention it. I'm at your service.

힌트 all the time 항상 / Don't mention it. 그런 말 마세요. → 별말씀을요.

121~150 나의 네이티브력 체크!

❶ 30개 문장들을 쭉 읽어 나가며 의미를 곱씹어 보세요.

❷ '이게 뭔 뜻이었지?'하는 문장이 있다면 우측 박스(□)에 체크 표시를 하세요.

❸ 체크 표시가 된 문장들은 해당 페이지로 돌아가 다시 한 번 복습하세요.

121 Give me a ballpark figure. □

122 What's your best guess? □

123 It's a pain in the neck. □

124 It keeps me on my toes. □

125 We'll lie low. □

126 It blows me away. □

127 I'm susceptible to it. □

128 I'll level with you. □

129 They had it coming. □

130 I'll spare you the details. □

131 Bad news travels fast. □

132 Why the long face? □

133 What's the occasion? □

134 I had a blast! ☐

135 Don't fall for it. ☐

136 Suit yourself! ☐

137 It was put on ice. ☐

138 You've lost me. ☐

139 I'm on cloud nine. ☐

140 She was thirsty. ☐

141 There's nothing to it. ☐

142 But there's a twist. ☐

143 We're out of the woods. ☐

144 Let's play it by ear. ☐

145 Don't even bring it up. ☐

146 Your eyes are bigger than your stomach. ☐

147 It's not even close. ☐

148 I don't blame you. ☐

149 Don't let it bother you. ☐

150 I'm at your service. ☐

현재 나의 네이티브력

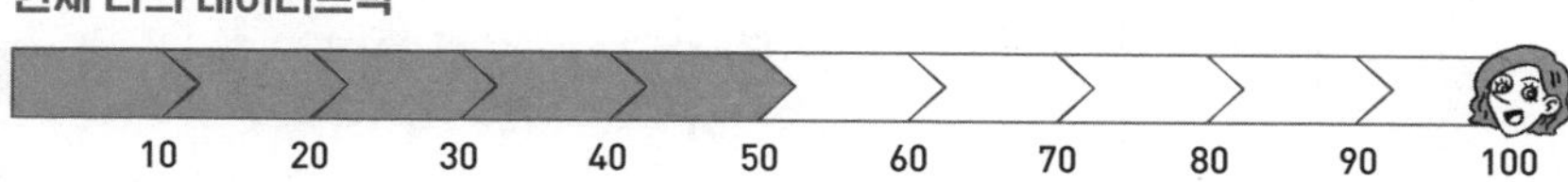

Chapter 06

네이티브력 급상승 영어 문장

151 She's cool as a cucumber.

152 He is down to earth.

153 We have to address the problem.

154 How old do you think I am?

155 It put me on the map.

156 They are selling like hot cakes.

157 This is at the heart of the matter.

158 Who do you think I am?

159 It spiralled out of control.

150 It quickly went viral.

161 At the end of the day,

162 He was full of beans.

163 That is a tough nut to crack.

164 We'll chew the fat.

165 Don't let your guard down.

151-180

166 They promise the moon.
167 He is on track.
168 It's not as bad as it seems.
169 Calm your nerves.
170 It was a shot in the arm.
171 That's the way the ball bounces.
172 It's a no-brainer.
173 He was not pulling his weight.
174 I don't buy it.
175 He was absent-minded.
176 I got all dolled up.
177 Put your feet up.
178 Easy does it.
179 I had a falling-out with him.
180 It's not rocket science.

151

MP3_151

She's cool as a cucumber.

cool = 차가운 / as a cucumber = 오이만큼

그녀는 오이만큼 차가워.

그녀는 정말 침착해.

누군가가 '오이만큼 차갑다'라는 말은 그 사람이
어떠한 날씨 속에서도 차가운 속살을 유지하는 오이처럼
'늘 침착함을 유지하고 있다'는 비유적 의미의 표현이기 때문에

cool as a cucumber
= 정말 침착한

응용해서 영작 & 말하기

그는 어떠한 경우에도 정말 침착했어.
He was cool as a cucumber on any occasion.

넌 압박 속에서 정말 침착하구나.
You are cool as a cucumber under pressure.

힌트 on any occasion 어떠한 경우에도 / under pressure 압박 아래에서[속에서]

152

MP3_152

He is down to earth.

down to = ~으로 내려온 / earth = 땅; 지구

그는 땅[지구]으로 내려와 있어.

그는 현실적이야.

'down to earth'라는 표현은 비현실적 공간이 아닌
'지극히 현실적인 삶이 펼쳐지는 땅[지구]에 있기' 때문에
아래와 같은 뜻이 되었다고 연상하면 이해가 쉽습니다.

down to earth
= 현실적인

응용해서 영작 & 말하기

그녀는 매우 현실적이야.	She is very down to earth.
때때로 그는 현실적이야.	Sometimes he is down to earth.

힌트 very 매우, 아주 / sometimes 때때로, 가끔

153

MP3_153

We have to address the problem.

address = 다루다 / the problem = 그 문제(를)

우린 그 문제를 다뤄야 해.

우리는 그 문제를 처리해야 해.

address는 '연설하다'라는 뜻 외에
'(문제·상황 등을) 다루다'라는 뜻도 있기 때문에
'address the problem'은 아래와 같은 의미로 해석됩니다.

address the problem
= 그 문제를 처리하다

응용해서 영작 & 말하기

다음 미팅에서 그 문제를 처리할 거야.	The next meeting will address the problem.
빨리 그 문제를 처리하는 것이 중요해.	It's important to address the problem quickly.

힌트 next meeting 다음 미팅 / It's important to-V ~하는 것이 중요하다

154

MP3_154

How old do you think I am?

How old(얼마나 나이 들었다고)+do you think(넌 생각하니)+I am(내가)

넌 내가 얼마나 나이 들었다고 생각해?

내가 몇 살로 보여?

'누군가가 얼마나 나이 들었다고 생각하느냐'고 묻는 위 질문은 결국 '그 사람이 몇 살로 보이느냐'고 묻는 질문이기 때문에 아래와 같은 의미로 해석됩니다.

How old do you think someone is?
= ~가 몇 살로 보여?

응용해서 영작 & 말하기

간단한 질문이 하나 있어. 내가 몇 살로 보여?	I've got a quick question. How old do you think I am?
이 사진에서 그녀가 몇 살로 보여?	How old do you think she is in this picture?

힌트 get a quick question 간단한 질문이 있다 / in this picture 이 사진에서

155

MP3_155

It put me on the map.

put me = 나를 놓아두었다 / on the map = 지도 위에

그것은 나를 지도 위에 놓아두었어.

그것이 날 유명하게 만들었어.

누군가를 '지도 위에 놓아두다'라는 말은
'지도 위에 놓아두어 모든 이들이 봐서 알게 하다'라고
풀이될 수 있기 때문에 아래와 같은 의미로 쓰입니다.

put someone on the map
= ~을 유명하게 만들다

응용해서 영작 & 말하기

말하자면, 그것이 날 유명하게 만들었어.	It put me on the map, so to speak.
그것이 조금 더 나를 유명하게 만들었어.	It put me on the map a little more.

힌트 so to speak 말하자면 / a little more 조금 더

156

MP3_156 

They are selling like hot cakes.

sell = 팔리다 / like hot cakes = 핫케익처럼

그것들은 핫케익처럼 팔리고 있어.

그것들은 불티나게 팔리고 있어.

'핫케익처럼 팔리다'라는 표현은 조리 시간이 짧아
단시간 내에 많은 양을 팔 수 있는 핫케익처럼
'불티나게[날개 돋친 듯] 팔리다'라는 의미의 표현입니다.

sell like hot cakes
= 불티나게[날개 돋친 듯] 팔리다

응용해서 영작 & 말하기

그 표들은 불티나게 팔리고 있었어.	The tickets were selling like hot cakes.
이 상품은 다시 날개 돋친 듯 팔리고 있어.	This item is selling like hot cakes again.

힌트 ticket 표 / item 상품, 아이템 / again 다시, 또

157

MP3_157

This is at the heart of the matter.

at the heart = 핵심에 있는 / of the matter = 문제의

이것은 문제의 핵심에 있어.

이것이 문제의 핵심이야.

heart는 기본적으로 '심장, 가슴'을 뜻하지만
'심장→중심부→핵심'과 같은 개념으로도 확장되어 쓰이기 때문에
'at the heart of the matter'는 아래와 같이 해석됩니다.

at the heart of the matter
= 문제의 핵심인

응용해서 영작 & 말하기

빈곤이 문제의 핵심이야.	Poverty is at the heart of the matter.
나는 그것이 문제의 핵심이라고 생각해.	I think it's at the heart of the matter.

힌트 poverty 빈곤 / I think+문장 나는 ~이라고 생각한다

158

MP3_158

Who do you think I am?

Who(누구라고)+do you think(넌 생각하니)+I am(내가)

넌 내가 누구라고 생각해?

내가 누구라고 생각해?

위 문장은 정말 내가 누구인지 아느냐고 묻는
단순 질문이 아니라 '나를 뭘로 생각하고 이렇게
무시하고 얕잡아 보느냐'는 뉘앙스로 말하는 표현입니다.

Who do you think I am?
= 내가 누구라고 생각해?

응용해서 영작 & 말하기

미안하지만, 내가 누구라고 생각해?	Sorry, but who do you think I am?
내가 딱 누구라고 생각해?	Just who do you think I am?

힌트 Sorry, but 미안하지만 / just ('정확히'라는 뜻의) 딱, 꼭

159

MP3_159

It spiralled out of control.

spiral = 나선형을 그리다 / out of control = 통제를 벗어난

그건 나선형을 그리며 통제를 벗어났어.

그건 통제 불능이 되었어.

중심점에서 시작해 나선형을 그려 나가면
'중심점을 점점 벗어나게' 되고, 여기서 중심점을 '통제점'에
비유하면 'spiral out of control'은 아래와 같이 해석됩니다.

spiral out of control
= 통제 불능이 되다

응용해서 영작 & 말하기

그건 통제 불능이었던 것 같아.	I feel like it spiralled out of control.
거기서부터 그건 통제 불능이 되었어.	It only spiralled out of control from there.

힌트 I feel like+문장 ~인 것 같다 / from there 거기서부터

160

MP3_160

It quickly went viral.

quickly = 빠르게 / go = (되어)가다 / viral = 바이러스성의

그것은 빠르게 바이러스성이 됐어.

그것은 빠르게 입소문이 났어.

'바이러스성이 되다'라는 말은 잘 퍼져서
전염되는 바이러스처럼 '정보가 널리 퍼지다'라는
비유적 의미를 담은 표현으로서 아래와 같이 해석됩니다.

go viral
= 입소문이 나다

응용해서 영작 & 말하기

인터넷에서 그것은 빠르게 입소문이 났어.	It quickly went viral on the Internet.
SNS에서 그것은 빠르게 입소문이 났어.	It quickly went viral on social media.

힌트 on the Internet 인터넷에서 / on social media 소셜미디어[SNS]에서

161

MP3_161

At the end of the day,

at the end of = ~의 끝에 / the day = 하루

하루의 끝에,

결국 가장 중요한 것은,

'하루의 끝'이라는 것은 결국 하루 일과를 모두 끝내
'그날의 핵심적인 결과[물]를 볼 수 있는 때'이기 때문에
아래와 같은 비유적 의미로 쓰이게 되었습니다.

At the end of the day,
= 결국 가장 중요한 것은,

응용해서 영작 & 말하기

결국 가장 중요한 것은, 우리 모두는 인간이라는 거야.	At the end of the day, we are all human beings.
결국 가장 중요한 것은, 그 결정에 우리 모두 기뻤다는 거야.	At the end of the day, we were all happy with the decision.

힌트 all 모두 / human being 인간 / happy with ~에 기쁜 / decision 결정

162

MP3_162

He was full of beans.

full of = ~으로 가득 찬 / beans = 콩들

그는 콩들로 가득 찼어.

그는 활기가 넘쳤어.

'full of beans'라는 표현은 콩이 '영양분과 에너지를 제공하는 주요 식품'으로 여겨지는 것에서 유래되어 아래의 뜻이 되었다는 설이 있습니다.

full of beans
= 활기가 넘치는

응용해서 영작 & 말하기

그는 대체로 활기가 넘쳤어.	He was generally full of beans.
그는 확실히 다시 활기가 넘쳐나.	He is certainly full of beans again.

힌트 generally 대체로 / certainly 확실히 / again 다시, 또

163

MP3_163

That is
a tough nut to crack.

a tough nut = 단단한 견과 / to crack = 부수기

그건 부수기 어려운 단단한 견과야.

그건 만만치 않아.

'부수기 어려운 단단한 견과'라는 말은
그러한 견과처럼 '다루기 힘든 대상이나 사람'을
가리켜 묘사하는 표현으로서 아래와 같이 해석됩니다.

a tough nut to crack
= 만만치 않은 것[사람]

응용해서 영작 & 말하기

그건 꽤
만만치 않아.

That is quite
a tough nut to crack.

그건 악명 높게
만만치 않아.

That is notoriously
a tough nut to crack.

힌트 quite 꽤, 상당히 / notoriously 악명 높게

164

MP3_164

We'll chew the fat.

chew = 씹다 / the fat = 지방(을)

우리는 지방을 씹을 거야.

우리는 수다를 떨 거야.

'지방을 씹다'라는 말은
'몸속의 지방을 태울 만큼 열심히 말을 씹어 뱉다'라는
뉘앙스로 풀이되어 아래와 같은 의미로 쓰입니다.

chew the fat
= 수다를 떨다

응용해서 영작 & 말하기

우리는 잠시 수다를 떨었어. — We chewed the fat for a while.

그들은 지난날에 대해 수다를 떨었어. — They chewed the fat about the old days.

힌트 for a while 잠시, 얼마 동안 / the old days 지난날

165

MP3_165

Don't let your guard down.

let down = 내려놓다 / your guard = 너의 감시(를)

너의 감시를 내려놓지 마.

방심하지 마.

'감시를 내려놓다'라는 말은 결국
'감시를 중단하여 방심한 상태가 되다'라는 말로
풀이 가능하기 때문에 아래와 같은 의미로 쓰입니다.

let one's guard down
= 방심하다

응용해서 영작 & 말하기

잠시도 방심하지 마.	Don't let your guard down for a second.
비록 자신이 있더라도 방심하지 마.	Don't let your guard down, even though you are confident.

힌트 for a second 잠시 / even though+문장 비록 ~일지라도 / confident 자신 있는

166

MP3_166

They promise the moon.

promise = 약속하다 / the moon = 달(을)

그들은 달을 약속해.

그들은 지키지 못할 약속을 해.

'달을 약속하다'라는 말은 닿을 수도 없는
달을 따다 준다는 '실현 불가능한 약속을 하다'라는
뉘앙스로 풀이되어 아래와 같은 의미로 쓰입니다.

promise the moon
= 지키지 못할 약속을 하다

응용해서 영작 & 말하기

넌 절대 지키지 못할 약속을 해서는 안 돼.	You should never promise the moon.
우린 지키지 못할 약속은 할 수 없어요.	We can't promise the moon.

힌트 should never V 절대 ~해서는 안 된다 / can't V ~할 수 없다

167

MP3_167

He is on track.

on = ~위에 (있는) / track = 길

그는 길 위에 있어.

그는 궤도에 올랐어.

위에서 'on track(길 위에 있는)'이라는 말은 기차가 '제대로 된 선로를 밟아 원하는 목적지로 가는 상태'라는 뉘앙스로 풀이되어 아래와 같은 의미로 해석됩니다.

on track
= (제대로) 궤도에 오른

응용해서 영작 & 말하기

그녀는 자신이 궤도에 오른 것처럼 생각해.	She feels like she is on track.
그녀는 25세까지 억만장자가 되기 위한 궤도에 올랐어.	She is on track to be a billionaire by the age of 25.

힌트 feel like+문장 ~인 것처럼 생각하다 / billionaire 억만장자 / by the age of ~세까지

168

MP3_168 

It's not as bad as it seems.

not as bad as = ~만큼 나쁘지 않은 / it seems = 그것이 보이는 것

그건 그것이 보이는 것만큼 나쁘지 않아.

그건 보기만큼 그리 나쁘진 않아.

위 표현은 한국어로 '보기만큼 나쁘진 않다'라는 말과 동일한 뉘앙스의 표현이며, 'seem(보이다)' 대신 'sound(들리다)'를 넣어서 말할 수도 있습니다.

not as bad as it seems
= 보기만큼 그리 나쁘지는 않은

응용해서 영작 & 말하기

그건 정말 보기만큼 그리 나쁘지는 않아.	It's really not as bad as it seems.
그건 들리는 것만큼 그리 나쁘지는 않아.	It's not as bad as it sounds.

힌트 really 정말, 진짜 / sound (~인 것처럼) 들리다

169

MP3_169 

Calm your nerves.

calm = 진정시키다 / your nerves = 너의 신경(을)

너의 신경을 진정시켜.

진정해.

'신경을 진정시키다'라는 말은 결국
날카롭거나 흥분된 상태의 신경을 진정시켜서
'마음과 감정이 진정하게 되다'라는 맥락으로 풀이됩니다.

calm one's nerves
= 진정하다

응용해서 영작 & 말하기

진정하려고 노력해 봐.	Try to calm your nerves.
넌 진정할 필요가 있어.	You need to calm your nerves.

힌트 try to-V ~하려고 노력하다 / need to-V ~할 필요가 있다

170

MP3_170 

It was a shot in the arm.

a shot = 주사 한 대 / in the arm = 팔 속에

그건 팔 속에 놓은 주사 한 대였어.

그건 활력소였어.

'팔 속에 놓은 주사 한 대'라는 말은
'병약한 몸속에 들어가 기력 회복의 원천이 되는 약'이라는
뉘앙스로 풀이되어 아래와 같은 비유적 의미로 쓰입니다.

a shot in the arm
= 활력소

응용해서 영작 & 말하기

그건 정말 활력소였어.	It really was a shot in the arm.
그건 우리에게 활력소야.	It is a shot in the arm for us.

힌트 really 정말, 진짜 / for us 우리에게 (있어)

171

MP3_171

That's the way the ball bounces.

the way = 방식 / the ball bounces = 공이 튀는

그것이 공이 튀는 방식이야.

세상 일이 다 그런 거지.

위 표현은 골대를 향해 넣은 공이 다른 곳으로 튕겨 나갈 수도 있듯이, 세상 일 또한 다 내 뜻대로 되진 않는다는 뉘앙스로 풀이되어 아래와 같은 의미로 쓰입니다.

That's the way the ball bounces.
= 세상 일이 다 그런 거다.

응용해서 영작 & 말하기

그냥 세상 일이 다 그런 거지.	That's just the way the ball bounces.
때때로 세상 일이 다 그런 거지.	That's the way the ball bounces sometimes.

힌트 just 그냥, 그저 / sometimes 때때로, 가끔

172

MP3_172

It's a no-brainer.

no(~이 아닌) + brainer(머리)

a no–brainer = (굳이 머리 싸매고 생각 안 해도 되는) 당연한 것

그건 당연하지.

'a no–brainer'라는 말은 너무나 쉽고 명백해서 굳이 생각하거나 고민할 필요도 없는 문제·사안·일 등을 가리킬 때 쓰는 표현으로서 아래와 같이 해석됩니다.

a no-brainer
= (생각/고민할 필요 없는) 당연한 것[문제]

응용해서 영작 & 말하기

내 생각에는 그건 당연해.	In my opinion, it's a no-brainer.
그건 당연해 보여.	It seems like a no-brainer.

힌트 in my opinion 내 생각[의견]에는 / It seems like N 그건 ~처럼 보인다

173

MP3_173

He was not pulling his weight.

pull = 끌어당기다 / his weight = 그의 몸무게(를)

그는 그의 몸무게를 끌어당기지 못하고 있었어.

그는 자기 몫을 안 하고 있었어.

'자신의 몸무게를 끌어당기다'라는 말은 화물을 옮기는 일꾼들이 '자신의 몸무게만 한 짐을 끌어당겨 옮기는 일'을 하는 것에서 유래되어 아래와 같은 의미가 파생되었다고 합니다.

pull one's weight
= 자기 몫을 하다

응용해서 영작 & 말하기

그는 전혀 자기 몫을 안 하고 있었어.	He was not pulling his weight at all.
내 동료는 근무 중에 자기 몫을 안 하고 있어.	My co-worker is not pulling his weight on the job.

힌트 at all 전혀 / co-worker 동료 / on the job 근무 중에

174

MP3_174 

I don't buy it.

don't = ~하지 않다 / buy = 사다 / it = 그것(을)

난 그것을 사지 않아.

난 안 믿어.

'그것을 사지 않는다'는 말은 구매 결정을
내릴 정도의 '확신[믿음]이 없기 때문에 사지 않는다'는
뉘앙스로 풀이되어 아래와 같은 비유적 의미로 쓰입니다.

don't buy it
= (그것을) 안 믿다

응용해서 영작 & 말하기

난 그걸 믿지 않을 거야.	I'm not going to buy it.
그녀는 그것을 믿지 않고 있었어.	She wasn't buying it.

힌트 be not going to-V ~하지 않을 것이다 / wasn't V-ing ~하지 않고 있었다

175

MP3_175

He was absent-minded.

absent(없는) + minded(생각이 ~한)

absent-minded = (생각이 없어서) 정신 줄을 놓은

그는 정신 줄을 놓고 다녔어.

직역하여 '생각이 없는 상태'라는 말은 결국
'생각이 없다 → 정신이 없다[나가다]'라는 뜻으로
풀이 가능하기 때문에 아래와 같은 의미로 쓰입니다.

absent-minded
= 정신 줄을 놓은

응용해서 영작 & 말하기

그는 조금 정신 줄을 놓고 다녔어.	He was a bit absent-minded.
그는 우울했고 정신 줄을 놓고 다녔어.	He was gloomy and absent-minded.

힌트 a bit 조금, 다소, 약간 / gloomy 우울한, 침울한

176

MP3_176

I got all dolled up.

all = 완전히 / get dolled up = 차려입다

난 완전히 차려입었어.

난 한껏 차려입었어.

예전에 'doll(인형)'은 '인형처럼 예쁜 여자'를 가리키는
속어로도 쓰였는데, 따라서 이로부터 그런 예쁜 여자처럼
'옷을 차려입다(get dolled up)'라는 동사 표현이 파생되었습니다.

get (all) dolled up
= (한껏) 차려입다

응용해서 영작 & 말하기

난 한껏 차려입을 예정이야.	I'm going to get all dolled up.
그녀는 늘 한껏 차려입어.	She always gets all dolled up.

힌트 be going to-V ~할 예정이다 / always V 항상 ~한다

177

MP3_177

Put your feet up.

put = 놓다 / your feet = 너의 발(을) / up = 위로

너의 발을 위로 놔.

푹 쉬어.

위에서 '발을 위로 놓다'라는 말은
다리를 쭉 펴서 앉거나 누워 발을 위로 향하게 만든 다음
'휴식을 취하다'라는 비유적 의미로 풀이됩니다.

put one's feet up
= (푹) 쉬다

응용해서 영작 & 말하기

집에 가서 푹 쉬어.	You go home and put your feet up.
넌 쉴 필요가 있어.	You need to put your feet up.

힌트 go home 집에 가다 / need to-V ~할 필요가 있다

178

MP3_178 

Easy does it.

easy = 조심해서 / does it = 그것을 하다

조심해서 그것을 해.

살살 해.

easy는 형용사로 '쉬운'이라는 뜻이지만
명령문과 함께 쓰이면 '조심해서'라는 뜻의 부사로도
쓰이기 때문에 위 표현은 아래와 같이 해석됩니다.

Easy does it.
= 조심해서[살살] 해라.

응용해서 영작 & 말하기

살살 해. 그건 깨지기 쉬워.	Easy does it. It's fragile.
살살 해. 그 안에 폭탄이 있어.	Easy does it. There are bombs in there.

힌트 fragile 깨지기 쉬운 / bomb 폭탄 / in there 그 안에

179

MP3_179

I had a falling-out with him.

have = 겪다 / a falling-out = 사이가 틀어지는 일

난 그와 사이가 틀어지는 일을 겪었어.

난 그와 사이가 틀어졌어.

'사이가 틀어지는 일을 겪다'라는 말을 좀 더 자연스럽게 줄여 말하면 '사이가 틀어지다'이며, 이 뒤에 사이가 틀어진 대상을 with로 덧붙여서 말하면 됩니다.

have a falling-out (with someone)
= (~와) 사이가 틀어지다

응용해서 영작 & 말하기

난 오래전에 그와 사이가 틀어졌어.	I had a falling-out with him a long time ago.
그녀는 명백히 그 동호회와 사이가 틀어졌어.	She obviously had a falling-out with the club.

힌트 a long time ago 오래전에 / obviously 명백히 / club 동호회

180

MP3_180

It's not rocket science.

It's not = 그건 ~이 아니다 / rocket science = 로켓 과학

그건 로켓 과학이 아니야.

그건 그렇게 어려운 게 아니야.

'그건 로켓 과학이 아니다'라는 말은
그것이 고도의 지식과 기술을 요하는 로켓 과학처럼
'그렇게 어려운 일이 아니다'라는 비유적 의미로 쓰입니다.

It's not rocket science.
= 그건 그렇게 어려운 일이 아니다.

응용해서 영작 & 말하기

그건 분명히 그렇게 어려운 게 아니야.	It's definitely not rocket science.
결국에는 그건 그렇게 어려운 게 아니야.	It's not rocket science after all.

힌트 definitely 분명히 / after all (예상과는 달리) 결국에는

151~180 나의 네이티브력 체크!

❶ 30개 문장들을 쭉 읽어 나가며 의미를 곱씹어 보세요.

❷ '이게 뭔 뜻이었지?'하는 문장이 있다면 우측 박스(□)에 체크 표시를 하세요.

❸ 체크 표시가 된 문장들은 해당 페이지로 돌아가 다시 한 번 복습하세요.

151 She's cool as a cucumber. □

152 He is down to earth. □

153 We have to address the problem. □

154 How old do you think I am? □

155 It put me on the map. □

156 They are selling like hot cakes. □

157 This is at the heart of the matter. □

158 Who do you think I am? □

159 It spiralled out of control. □

160 It quickly went viral. □

161 At the end of the day, □

162 He was full of beans. □

163 That is a tough nut to crack. □

164 We'll chew the fat. ☐

165 Don't let your guard down. ☐

166 They promise the moon. ☐

167 He is on track. ☐

168 It's not as bad as it seems. ☐

169 Calm your nerves. ☐

170 It was a shot in the arm. ☐

171 That's the way the ball bounces. ☐

172 It's a no-brainer. ☐

173 He was not pulling his weight. ☐

174 I don't buy it. ☐

175 He was absent-minded. ☐

176 I got all dolled up. ☐

177 Put your feet up. ☐

178 Easy does it. ☐

179 I had a falling-out with him. ☐

180 It's not rocket science. ☐

현재 나의 네이티브력

10 20 30 40 50 60 70 80 90 100

Chapter 07

네이티브력 급상승 영어 문장

181 You're so corny.

182 We all have to pick up the slack.

183 I threw caution to the wind.

184 Beauty is only skin-deep.

185 I'm not good with words.

186 I'm running on fumes.

187 I call the shots.

188 I have butterflies in my stomach.

189 It's inviting.

190 You've been left on read.

191 She doted on me.

192 I made it from scratch.

193 Don't steal my thunder.

194 Such is life.

195 He clammed up.

181-210

196 I would go on a spending spree.

197 He lives in a bubble.

198 I don't want to open up a can of worms.

199 It's my treat.

200 Snap out of it!

201 You got us into this mess.

202 It's not what it looks like.

203 I owe you one.

204 I got the short straw.

205 She truly is the GOAT.

206 I've got a lot of mixed emotions.

207 I've seen worse.

208 The tea tastes funny.

209 That's a steal.

210 Now is the time to decide.

181

MP3_181

You're so corny.

You're so = 넌 정말 ~하다

corny = 유치한

넌 정말 유치해.

corny로 사람을 묘사할 경우 위와 같이
'유치하다'라는 뉘앙스로 쓰일 수 있고, 사물을 묘사할 경우
'진부/시시/식상하다'라는 뉘앙스로 쓰일 수 있습니다.

corny
= 유치한, 진부/시시/식상한

응용해서 영작 & 말하기

그 영화는 그냥 너무 유치했어.	The movie was just so corny.
유치하게 들린다는 거 알아.	I know it sounds corny.

힌트 movie 영화 / just 그냥 / I know+문장 ~이라는 걸 안다 / sound ~하게 들리다

182

MP3_182

We all have to pick up the slack.

pick up = 집어 들다 / the slack = 밧줄의 느슨한 부분(을)

우리 모두는 밧줄의 느슨한 부분을 집어 들어야 해.

우리 모두는 대신 떠맡아야 해.

밧줄을 풀고 당겨 배의 운항을 조정하는 배에서
'느슨한 밧줄을 집어 든다'는 말은 '일을 한다'는 뜻이며, 이 말은
훗날 '일을 떠맡아서 하다'라는 의미로 쓰이게 되었습니다.

pick up the slack
= (남의 일을) 대신 떠맡다

응용해서 영작 & 말하기

네가 대신 떠맡을 수 있어?	Can you pick up the slack?
그녀가 대신 떠맡을 거야.	She will pick up the slack.

힌트 Can you V? 네가 ~할 수 있어? / will V ~할 것이다

183

MP3_183

I threw caution to the wind.

throw = 던지다 / caution = 경계심(을) / to the wind = 바람에

난 경계심을 바람에 던졌어.

난 과감하게 행동했어.

'경계심을 바람에 던지다'라는 말은 경계심을 바람에 던져 없애 버려 '두려움 없이 과감하게 일을 추진하다'라는 뉘앙스로 풀이되어 아래와 같은 비유적 의미로 쓰입니다.

throw caution to the wind
= 과감하게 행동하다

응용해서 영작 & 말하기

난 과감하게 (행동해서) 그것을 샀어.	I threw caution to the wind and bought it.
그녀는 과감하게 (행동해서) 그와 결혼했어.	She threw caution to the wind and married him.

힌트 buy 사다, 구매하다 / marry someone ~와 결혼하다

184

MP3_184

Beauty is only skin-deep.

Beauty = 아름다움(은) / only = 단지 / skin–deep = 피상적인

아름다움은 단지 피상적일 뿐이야.

외모가 다는 아니야.

'아름다움은 단지 피상적일 뿐이다'라는 말은
'아름다움은 껍데기일 뿐이다 → 외모가 다는 아니다'라는
한국식 표현으로 풀이될 수 있습니다.

Beauty is only skin-deep.
= 외모가 다는 아니다.

응용해서 영작 & 말하기

아마도 외모가 다는 아닐 수도 있어.	Maybe beauty is only skin-deep.
사람들은 외모가 다는 아니란 걸 기억해야 해.	People should remember beauty is only skin-deep.

힌트 Maybe+문장 아마도 ~일 수 있다 / should V ~해야 한다 / remember 기억하다

185

MP3_185

I'm not good with words.

not good with = ~을 잘 못 다루는 / words = 말

난 말을 잘 다루지 못해.

난 말주변이 없어.

'말을 잘 다루지 못하다'라는 말은 결국
'말을 잘하지 못하기 때문에 말주변이 없다'라는 뉘앙스로
풀이 가능하기 때문에 아래와 같은 의미로 쓰입니다.

be not good with words
= 말주변이 없다

응용해서 영작 & 말하기

난 내가 말주변이 없다는 거 알아.	I know I'm not good with words.
솔직히 난 말주변이 없어.	Honestly, I'm not good with words.

힌트 I know+문장 난 ~이라는 걸 안다 / honestly 솔직히

186

MP3_186 

I'm running on fumes.

I'm running = 난 달리는 중이다 / on fumes = 연기로

난 연기로 달리는 중이야.

나 진짜 피곤해.

'연기로 달리다'라는 말은 연료가 다 떨어져서
탈탈거리는 소리와 함께 연기를 내며 겨우 움직이고 있는
자동차를 사람에 빗대 아래와 같은 의미로 쓰는 표현입니다.

run on fumes
= (힘이 거의 없어) 진짜 피곤하다

응용해서 영작 & 말하기

나 재정적으로
진짜 피곤했어.

I was running on fumes
financially.

너
진짜 피곤해 보여.

You look like
you're running on fumes.

힌트 financially 재정적으로 / look like+문장 ~인 것으로 보인다

187

MP3_187 

I call the shots.

call = 명령하다 / the shots = 발포(를)

내가 발포를 명령해.

내가 결정해.

위에서 '발포를 명령하다'라는 말은 발포 권한이 있는 지휘관이 발포 명령을 내리듯 어떠한 상황을 '결정/감독/통제하다'라는 뜻의 비유적 표현입니다.

call the shots
= 결정/감독/통제하다

응용해서 영작 & 말하기

내가 결정할 차례야.	It's time for me to call the shots.
내가 집에서 결정권이 있어.	I call the shots at home.

힌트 It's time for me to-V 내가 ~할 차례다 / at home 집에서

188

MP3_188

I have butterflies in my stomach.

have butterflies = 나비들을 가지다 / in my stomach = 내 뱃속에

난 내 뱃속에 나비들을 가지고 있어.

나 마음이 조마조마해.

'뱃속에 나비들을 가지다'라는 말은 뱃속에서
나비들이 팔딱거리듯 속이 울렁울렁하는 느낌이 들 정도로
'긴장해서 마음이 조마조마하다'라는 의미로 풀이됩니다.

have butterflies in one's stomach
= 마음이 조마조마하다

응용해서 영작 & 말하기

그는 오전 내내 마음이 조마조마했어.	He had butterflies in his stomach all morning.
난 학교 시험 전에는 마음이 조마조마하곤 했어.	I used to have butterflies in my stomach before school tests.

힌트 all morning 오전 내내 / used to-V ~하곤 했다 / school test 학교 시험

189

MP3_189

It's inviting.

invite = (동사) 초대하다

inviting = (형용사) 매력적인

그것은 매력적이야.

invite는 기본적으로 '초대하다'라는 뜻의 동사이지만
뒤에 ing가 붙어 형용사가 되면 '매력적인'이라는 뜻이 되며,
inviting으로 음식을 묘사하면 '먹음직스러운'이라는 뜻도 됩니다.

inviting
= 매력적인; 먹음직스러운

응용해서 영작 & 말하기

이건 정말 매력적이고 고급스러워 보여!	This looks so inviting and classy!
분위기가 더 매력적이야.	The atmosphere is more inviting.

힌트 look ~해 보이다 / classy 고급스러운 / atmosphere 분위기 / more (좀) 더

190

MP3_190 

You've been left on read.

have been left = 남겨졌다 / on read = 읽힌 상태로

넌 읽힌 상태로 남겨졌어.

넌 읽씹 당했어.

'읽힌 상태로 남겨지다'라는 말은 문자를 보냈음에도 '답장은 없이 읽힌 상태로만 남겨지다'라는 말로 풀이되며, 이를 좀 더 구어적으로 의역하면 '읽씹 당하다'가 됩니다.

be left on read
= 읽씹 당하다

응용해서 영작 & 말하기

넌 너의 짝사랑에게 읽씹 당했어.	You've been left on read by your crush.
난 수없이 읽씹 당했어.	I've been left on read countless times.

힌트 by someone ~에게 / your crush 너의 짝사랑 / countless times 수없이

191

MP3_191

She doted on me.

dote = 홀딱 빠지다 / on me = 나에게

그녀는 나에게 홀딱 빠졌어.

그녀는 나에게 홀딱 반했어.

dote은 '맹목적으로 사랑하다, 홀딱 빠지다'라는 뜻을 가진 동사로서 이 뒤에 'on someone'을 덧붙이면 그렇게 빠진 대상이 누구인지까지 언급할 수 있습니다.

dote on someone
= ~에게 홀딱 빠지다[반하다]

응용해서 영작 & 말하기

그녀는 그냥 나에게 홀딱 반했어.	She just doted on me.
그는 분명히 그녀에게 홀딱 빠졌어.	He obviously doted on her.

힌트 just 그냥, 그저 / obviously 분명히, 확실히

192

MP3_192 

I made it from scratch.

made it = 이걸 만들었다

from scratch = 긁힌 자국으로부터? (X) → 처음부터 (O)

내가 처음부터 이걸 만들었어.

위에서 scratch는 '긁힌 자국'이 아닌 '출발선'을 뜻하고, 따라서 'from scratch'는 '출발선에서 → (맨) 처음부터'라고 풀이되며 더 나아가 '아무 사전 지식 없이'라고도 풀이됩니다.

from scratch
= (맨) 처음부터; 아무 사전 지식 없이

응용해서 영작 & 말하기

내가 사실 처음부터 이걸 만들었어.	I actually made it from scratch.
내가 처음부터 이걸 만들었다는 게 아직도 믿기지 않아.	I still can't believe I made it from scratch.

힌트 actually 사실, 실은 / still 아직도 / can't believe+문장 ~이란 게 믿기지 않는다

193

MP3_193

Don't steal my thunder.

steal = 훔치다 / my thunder = 나의 천둥(을)

나의 천둥을 훔치지 마.

내가 받을 관심 가로채지 마.

'누군가의 천둥을 훔치다'라는 표현은 한 극작가가 연극에서 쓴 천둥 소리 효과음을 다른 극작가가 그대로 써서 성공한 것에서 유래돼 아래의 의미가 되었다고 합니다.

steal one's thunder
= ~가 받을 관심을 가로채다

응용해서 영작 & 말하기

우린 네가 받을 관심을 가로채지 않을 거야.	We won't steal your thunder.
내가 받을 관심을 가로채려고 노력하지 마.	Don't try to steal my thunder.

힌트 won't V ~하지 않을 것이다 / try to-V ~하려고 노력하다

194

MP3_194

Such is life.

such = 그런 것(이) / life = 삶

그런 것이 삶이지.

사는 게 다 그런 거지.

'그런 것이 삶이다'라는 말은 '사는 게 다 그런 거다'라는 한국식 표현과 동일한 맥락의 표현이며, 일이 잘 안 풀려도 어쩔 수 없이 그걸 받아들여야 한다는 뉘앙스로 쓰입니다.

Such is life.
= 사는 게 다 그런 거다.

응용해서 영작 & 말하기

진짜 사는 게 다 그런 거지!	Such is life, indeed!
모든 게 완벽할 수는 없어. 사는 게 다 그런 거지.	Everything can't be perfect. Such is life.

힌트 indeed 진짜 / everything 모든 것 / can't be ~일 수 없다 / perfect 완벽한

195

MP3_195

He clammed up.

clam = 조개

clam up = (조개가 입을 닫듯) 입을 다물다

그는 입을 다물었어.

'clam up'이라고 하면 위에서 설명했듯이
조개가 입을 닫은 듯 '입을 닫고 말하지 않다'라는 의미이며
주로 말하기 부끄럽거나 비밀을 숨기려는 상황에서 쓰입니다.

clam up
= 입을 다물다

응용해서 영작 & 말하기

그는 갑자기 입을 다물었어.	He clammed up all of a sudden.
그녀가 그에게 문자를 보냈을 때 그는 입을 다물었지.	He clammed up when she texted him.

힌트 all of a sudden 갑자기 / text someone ~에게 문자를 보내다

196

MP3_196

I would go on a spending spree.

go on = ~을 계속하다 / a spending spree = 흥청망청하는 소비

난 흥청망청하는 소비를 계속할 거야.

난 흥청망청 돈을 쓸 거야.

'spree(흥청망청하기)'와 'spending(소비)'이 합해지면
'흥청망청하는 소비 → 흥청망청 돈 쓰기'라고 풀이되며
이 앞에 'go on'을 붙여 아래와 같은 표현으로 씁니다.

go on a spending spree
= 흥청망청 돈을 쓰다

응용해서 영작 & 말하기

난 흥청망청 돈을 쓰고 싶어.

I want to go on a spending spree.

그는 자신의 배우자가 흥청망청 돈을 쓸까 봐 두려워해.

He fears that his spouse will go on a spending spree.

힌트 want to-V ~하고 싶다 / fear that+문장 ~인 것을 두려워하다

197

MP3_197

He lives in a bubble.

live = 살다 / in a bubble = 거품 안에서

그는 거품 안에서 살고 있어.

그는 자신만의 세계에서 살고 있어.

'거품 안에서 살다'라는 말은 거품과 같은 얄팍한 경계로 외부와 분리된 채 '자신만의 세계에서 살다'라는 비유적 의미의 표현이며, '거품'은 그 사람의 '얄팍한 가치관'을 뜻합니다.

live in a bubble
= 자신만의 세계에서 살다

응용해서 영작 & 말하기

그는 완전히 격리된 채 자신만의 세계에서 살고 있어.

He lives in a bubble, completely isolated.

자신만의 세계에서 사는 사람들이 있어.

There are some people who live in a bubble.

힌트 (completely) isolated (완전히) 격리된 / some people who V ~하는 사람들

198

MP3_198

I don't want to open up a can of worms.

open = 열다 / a can of worms = 벌레들이 들어 있는 깡통(을)

난 벌레들이 들어 있는 깡통을 열고 싶지 않아.

↓

난 상황을 더 복잡하게 만들고 싶지 않아.

'벌레들이 들어 있는 깡통을 열다'라는 말에서
'벌레들=골칫거리'라고 가정했을 경우 이 표현은
'골칫거리를 드러내 일을 더 복잡하게 만들다'로 풀이됩니다.

open up a can of worms
= 상황[일]을 더 복잡하게 만들다

응용해서 영작 & 말하기

상황을 더 복잡하게 만들지 마.	Don't open up a can of worms.
그는 자신의 폭로로 상황을 더 복잡하게 만들었어.	He has opened up a can of worms with his revelations.

힌트 Don't V ~하지 말아라 / with one's revelations ~의 폭로로

199

MP3_199

It's my treat.

It's = 그것은 ~이다 / my treat = 나의 대접

그것은 나의 대접이야.

내가 낼게.

treat은 동사로 '다루다'라는 뜻이지만 명사로 '대접, 한턱'이라는 뜻도 있으며, 따라서 '그것은 ~의 대접이다'라고 직역되는 위 표현을 좀 더 자연스럽게 풀이하면 아래의 뜻이 됩니다.

It's one's treat.
= ~가 내는[사는] 것이다.

응용해서 영작 & 말하기

이번엔 내가 낼게.	It's my treat this time.
오늘 밤은 확실히 그가 산대.	It's definitely his treat tonight.

힌트 this time 이번에 / definitely 확실히, 분명히 / tonight 오늘 밤

200

MP3_200 

Snap out of it!

snap = 딱 하고 끊다 / out of it = 그것에서 나와

그것에서 나와 딱 하고 끊어!

정신 차려!

'그것에서 나와 딱 하고 끊다'라는 말에서 '그것(it)'은 '우울, 슬픔 등의 부정적인 감정'을 뜻하고, 따라서 위 표현은 그러한 감정에서 나와 '정신 차리다'라는 말로 풀이됩니다.

snap out of it
= 정신 차리다

응용해서 영작 & 말하기

빨리 정신 차려!	Snap out of it quickly!
넌 정신 차려야 해.	You've got to snap out of it.

힌트 quickly 빨리 / You've got to-V 넌 ~해야 한다

201

MP3_201

You got us into this mess.

get us = 우리를 옮기다 / into this mess = 이 엉망인 상황 속으로

네가 이 엉망인 상황 속으로 우리를 옮겨 놨어.

네가 우리를 이 곤란에 빠지게 만들었어.

'누군가를 이 엉망인 상황 속으로 옮겨 놓다'라는 말을
좀 더 자연스러운 한국식 표현으로 다듬게 되면
아래와 같이 풀이됩니다.

get someone into this mess
= ~을 이 곤란[곤경]에 빠뜨리다

응용해서 영작 & 말하기

네가 날 이런 곤경에 빠뜨리다니 믿을 수가 없어.	I can't believe you got me into this mess.
네가 우릴 이 곤란에 빠지게 한 건 사실이야.	It's true that you got us into this mess.

힌트 I can't believe+문장 ~이라니 믿을 수 없다 / It's true that+문장 ~인 건 사실이다

202

MP3_202

It's not what it looks like.

It's not = 그건 ~이 아니다 / what it looks like = 그것이 보여지는 것

그건 그것이 보여지는 것이 아니야.

그건 오해야.

'그건 그것이 보여지는 것이 아니다'라는 말은
그것의 실체가 너에게 보여지는 것과는 다르기 때문에
'그건 네 생각과는 다르다 → 그건 오해다'라고 풀이됩니다.

It's not what it looks like.
= 그건 오해다. / 보이는 게 다가 아니다.

응용해서 영작 & 말하기

날 믿어.	Trust me.
그건 오해야.	It's not what it looks like.
내가 설명할게.	Let me explain.
보이는 게 다가 아니야.	It's not what it looks like.

힌트 trust 믿다 / let me V 내가 ~하게 해 달라 / explain 설명하다

203

MP3_203

I owe you one.

owe you = 너에게 빚지다 / one = 하나(를)

내가 너에게 하나 빚졌네.

내가 신세 한 번 지네.

위 표현은 상대방이 나에게 해 준 것에 고마움을 느끼며
언젠간 이에 보답하겠다는 감사함을 내비치는 표현으로서
자연스럽게 의역하면 아래와 같은 뜻이 됩니다.

I owe you one.
= 내가 신세 한 번 지네.

응용해서 영작 & 말하기

이번에
내가 신세 한 번 지네.

I owe you one
this time.

정말 감사합니다.
이걸로 제가 신세 한 번 지네요.

Thank you very much.
I owe you one for this.

힌트 this time 이번에 / Thank you very much 정말 감사합니다 / for this 이걸로

204

MP3_204

I got the short straw.

get = 가지다 / the short straw = 짧은 빨대(를)

나는 짧은 빨대를 가졌어.

운 나쁘게 걸렸어.

위 표현은 여러 개의 빨대 중 '짧은 빨대'를 뽑으면 걸리는 제비뽑기에서 하필이면 그걸 딱! 뽑게 된 상황을 상상하며 뜻을 확장시키면 아래와 같은 의미가 됩니다.

get the short straw
= 운 나쁘게 걸리다

응용해서 영작 & 말하기

내가 또
운 나쁘게 걸린 것 같아.

I think
I got the short straw again.

내가 여기서
운 나쁘게 걸린 사람이야.

I'm the one
who got the short straw here.

힌트 I think+문장 ~인 것 같다 / I'm the one who V 내가 ~한 사람이다 / here 여기서

205

MP3_205

She truly is the GOAT.

Greatest Of All Time = 역대 최고

줄여서 GOAT

그녀는 진정 최고야.

전체가 대문자로 쓰여진 GOAT라는 단어는 '염소'가 아닌 '역대 최고'라는 뜻의 'Greatest Of All Time'의 줄임말이며 최고라 여겨지는 사람 및 각종 대상을 묘사할 때 쓰입니다.

the GOAT
= (역대) 최고

응용해서 영작 & 말하기

그는 최고야. 그는 자기 일에 전문가야.	He is the GOAT. He knows his stuff.
많은 사람들이 이 영화가 최고라고 해.	Many say this film is the GOAT.

힌트 know one's stuff 자기 일에 전문가이다 / many 많은 사람들 / film 영화

206

MP3_206 

I've got a lot of mixed emotions.

a lot of = 많은 / mixed emotions = 섞인 감정들

나는 많은 섞인 감정들을 가지고 있어.

마음이 착잡하네.

'많은 섞인 감정들을 가지고 있다'라는 말은
좋은 감정과 나쁜 감정이 얽히고 뒤섞여 마음이 불편한
'착잡하고 심란한 상태'를 나타내는 표현입니다.

have (got) a lot of mixed emotions
= 마음이 착잡하다[심란하다]

응용해서 영작 & 말하기

난 이걸 하는 것에 대해 마음이 심란해.	I've got a lot of mixed emotions about doing this.
그는 그의 딸을 시집보낸 후 마음이 착잡해했어.	He had a lot of mixed emotions after marrying off his daughter.

힌트 do this 이것을 하다 / marry off someone ~을 시집[장가]보내다

207

MP3_207

I've seen worse.

I've seen = 나는 봤다 / worse (things) = 더 심한 것들(을)

나는 더 심한 것들을 봤어.

더 심한 것도 봤어.

위 표현은 현재 처한 상황이나 갖고 있는 문제 등이
'그리 나쁘지[최악이지] 않다'는 뉘앙스로 말하는 표현이며
'worse(더 심한)' 뒤에 'things(것들)'가 생략됐다고 보시면 됩니다.

I've seen worse.
= 더 심한 것도 봤다.

응용해서 영작 & 말하기

사실,
더 심한 것도 봤어.

In fact,
I've seen worse.

이건 그렇게 나쁘지 않아.
더 심한 것도 봤어.

This is not that bad.
I've seen worse.

힌트 in fact 사실 / not that bad 그렇게 나쁘지 않은

208

MP3_208

The tea tastes funny.

the tea = 차(가) / taste = ~한 맛이 나다 / funny = 웃기는

차가 웃기는 맛이 나.

차가 맛이 이상해.

'웃기는'이라는 뜻의 funny가 맛을 묘사할 때 쓰이면
'웃기는 맛 → 원래의 맛을 벗어난 이상한 맛'이라는 뜻이
되기 때문에 'taste funny'는 아래와 같은 의미로 쓰입니다.

taste funny
= 맛이 이상하다

응용해서 영작 & 말하기

왜 내 음료수 맛이 이상하지?	Why does my beverage taste funny?
왜 내 수돗물 맛이 이상하지?	Why does my tap water taste funny?

힌트 Why does 주어+동사? 왜 ~가 ~하지? / beverage 음료수 / tap water 수돗물

209

MP3_209

That's a steal.

That's = 그것은 ~이다 / a steal = 싸게 사는 물건

그거 싸게 사는 물건이네.

완전 거저네.

steal은 보통 '훔치다'라는 뜻의 동사로 많이 알고 있는데 '(훔친 것이나 다름없이) 싸게 사는 물건'이라는 뜻도 있기 때문에 아래와 같은 표현으로도 많이 쓰입니다.

That's a steal.
= 완전 거저다.

응용해서 영작 & 말하기

내 생각엔 완전 거저인 것 같아!	I think that's a steal!
그거 20달러밖에 안 해? 완전 거저네!	Is that only 20 dollars? That's a steal!

힌트 I think+문장 내 생각에 ~인 것 같다 / Is that only ~? 그거 ~밖에 안 해?

210

MP3_210

Now is the time to decide.

now = 지금(이) / the time to-V = ~할 시간 / decide = 결정하다

지금이 결정할 시간이야.

이제 결정할 시간이야.

'Now is the time to-V'라는 표현은
어떤 일을 해야 할 시간이나 하기에 안성맞춤인 때가
됐을 때 아래와 같은 의미로 쓸 수 있습니다.

Now is the time to-V
= 이제 ~할 시간이다 / 지금이 ~할 때이다

응용해서 영작 & 말하기

이제 네가 무엇을 원하는지 결정할 시간이야.	Now is the time to decide what you want.
지금이 주식을 살 때인가요?	Is now the time to buy stocks?

힌트 what you want 내가 무엇을 원하는지 / buy 사다 / stock 주식

181~210 나의 네이티브력 체크!

❶ 30개 문장들을 쭉 읽어 나가며 의미를 곱씹어 보세요.

❷ '이게 뭔 뜻이었지?'하는 문장이 있다면 우측 박스(□)에 체크 표시를 하세요.

❸ 체크 표시가 된 문장들은 해당 페이지로 돌아가 다시 한 번 복습하세요.

181 You're so corny. □

182 We all have to pick up the slack. □

183 I threw caution to the wind. □

184 Beauty is only skin-deep. □

185 I'm not good with words. □

186 I'm running on fumes. □

187 I call the shots. □

188 I have butterflies in my stomach. □

189 It's inviting. □

190 You've been left on read. □

191 She doted on me. □

192 I made it from scratch. □

193 Don't steal my thunder. □

194 Such is life. ☐

195 He clammed up. ☐

196 I would go on a spending spree. ☐

197 He lives in a bubble. ☐

198 I don't want to open up a can of worms. ☐

199 It's my treat. ☐

200 Snap out of it! ☐

201 You got us into this mess. ☐

202 It's not what it looks like. ☐

203 I owe you one. ☐

204 I got the short straw. ☐

205 She truly is the GOAT. ☐

206 I've got a lot of mixed emotions. ☐

207 I've seen worse. ☐

208 The tea tastes funny. ☐

209 That's a steal. ☐

210 Now is the time to decide. ☐

현재 나의 네이티브력

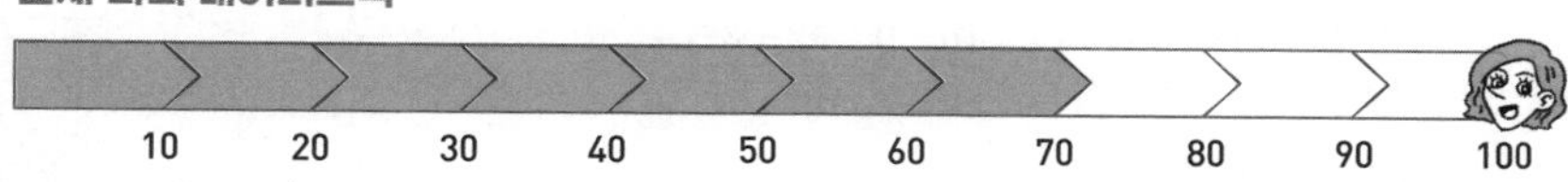

Chapter 08

네이티브력 급상승 영어 문장

211 I just winged it.
212 It's kind of bittersweet.
213 I'm at a loss for words.
214 We went the extra mile.
215 We cry wolf a lot.
216 I cancelled them.
217 I was swamped with work.
218 That's as cheap as chips.
219 Make yourself at home.
220 Take it or leave it!
221 I don't want to have egg on my face.
222 I'm all ears.
223 I'm at a crossroads.
224 I'm an open book.
225 There was a little bit of a kerfuffle.

211-240

226 The boys didn't cut the mustard.
227 How thoughtful of you to say that.
228 There is a fat chance of you winning the competition.
229 He finally got the message.
230 He's lying through his teeth.
231 This is news to me.
232 It's time to get moving.
233 That's the spirit!
234 I'm on the mend.
235 You sold me.
236 I can't wrap my head around that.
237 That's so sweet of you.
238 I'll figure it out.
239 Mobile technology is taking centre stage.
240 He will lay bare the ugly truth.

211

MP3_211

I just winged it.

wing = 연극 무대의 양쪽 끝

wing it = (무대 끝에 있던 대역 배우가) 즉흥적으로 (연기)하다

그냥 즉흥적으로 했어.

'wing it'이란 표현은 오래전 무대 끝에 대기하고 있던 견습 배우가 주인공에게 일이 생겼을 때 주인공 대신 올라가 '즉흥적으로 연기한 것'에서 유래되었다고 합니다.

wing it
= 즉흥적으로 하다

응용해서 영작 & 말하기

나 그 부분을 까먹어서 그냥 즉흥적으로 했어.	I forgot that part, so I just winged it.
그는 연설할 때마다 그냥 즉흥적으로 해.	Whenever he gives a speech, he just wings it.

힌트 forget 까먹다 / whenever+문장 ~일 때마다 / give a speech 연설하다

212

MP3_212 

It's kind of bittersweet.

kind of = 좀, 약간 / bittersweet = 달콤 씁쓸한

그건 좀 달콤 씁쓸해.

좀 시원섭섭해.

'bittersweet(달콤 씁쓸한)'을 감정에 대입할 경우 '후련하지만 아쉬운 → 시원섭섭한'과 같이 생각할 수 있기 때문에 위 표현은 아래와 같은 의미로 쓰입니다.

It's kind of bittersweet.
= 좀 시원섭섭하다.

응용해서 영작 & 말하기

솔직히 좀 시원섭섭해.	It's kind of bittersweet honestly.
나에겐 좀 시원섭섭한 것 같아.	I guess it's kind of bittersweet for me.

힌트 honestly 솔직히 / I guess+문장 ~인 것 같다 / for me 나에게

213

MP3_213

I'm at a loss for words.

at a loss = 어쩔 줄 모르는 / for words = 말(하는 것)에 대해

말하는 것에 대해 어찌해야 할지 모르겠네.

당황해서 말이 안 나오네.

'말하는 걸 어찌해야 할지 모르겠다'는 말은 결국
'무슨 말을 해야 할지 몰라 당황스럽다'는 뉘앙스로
풀이 가능하기 때문에 아래와 같은 의미로 쓰입니다.

be at a loss for words
= (당황해서) 말이 안 나오다, 할 말을 잃다

응용해서 영작 & 말하기

난 그 말을 들었을 때 당황해서 말이 안 나왔어.
I was at a loss for words when I heard that.

그는 상을 받았을 때 당황해서 할 말을 잃었어.
He was at a loss for words when he won the award.

힌트 when+문장 ~일 때 / hear ~을 듣다 / win the award 상을 받다

214

MP3_214

We went the extra mile.

go = 가다 / the extra mile = 추가로 몇 마일을 더

우리는 추가로 몇 마일을 더 갔어.

우리는 한층 더 노력했어.

'추가로 몇 마일을 더 가다'라는 말은
'수고로움을 무릅쓰고 더 많은 거리를 가다'라는 뉘앙스가
내포돼 있기 때문에 아래와 같은 비유적 의미로 쓰입니다.

go the extra mile (to-V)
= (~하려고) 한층 더 노력하다

응용해서 영작 & 말하기

네가 한층 더 노력했다는 거 내가 알아.	I know you went the extra mile.
난 그걸 시간 내에 끝내려고 한층 더 노력했어.	I went the extra mile to finish it in time.

힌트 I know+문장 ~인 걸 내가 안다 / finish 끝내다 / in time 시간 내에

215

MP3_215

We cry wolf a lot.

cry = 외치다 / wolf = 늑대(라고) / a lot = 많이

우리는 늑대라고 많이 외쳐.

우리는 거짓말을 많이 해.

'cry wolf(늑대라고 외치다)'라는 표현은
이솝 우화에서 거짓으로 '늑대야!'라고 외치는
양치기 소년의 이야기로부터 유래된 표현입니다.

cry wolf
= 거짓말하다

응용해서 영작 & 말하기

난 거짓말하고 싶지 않아.	I don't want to cry wolf.
너 또 거짓말하고 있는 것 같네.	It looks like you're crying wolf again.

힌트 don't want to-V ~하고 싶지 않다 / It looks like+문장 ~인 것 같다

216

MP3_216

I cancelled them.

cancel = 취소하다

난 그들을 취소했어.

난 그들을 지지하는 걸 철회했어.

사람에게 'cancel(취소하다)'라는 단어를 쓰면
'그 사람을 지지하는 걸 취소[철회]하다'라는 뜻이 되며
주로 특정 유명인들을 더는 지지하지 않을 경우 잘 씁니다.

cancel someone
= ~을 지지하는 걸 철회하다

응용해서 영작 & 말하기

난 개인적으로 그를 지지하는 걸 철회했어.	I personally cancelled him.
난 오래전에 그들을 지지하는 걸 철회했어.	I cancelled them a long time ago.

힌트 personally 개인적으로 / a long time ago 오래전에

217

MP3_217

I was swamped with work.

swamped = 정신없이 바쁜 / with work = 일로

난 일로 정신없이 바빴어.

일하느라 정신없이 바빴어.

swamp는 명사로 '습, 늪지'라는 뜻이지만 뒤에 '–ed'가 붙어 swamped가 되면 '정신없이 바쁜'이라는 뜻이 되기 때문에 'with work'와 합해져 아래와 같은 의미로 쓰입니다.

be swamped with work
= 일하느라 정신없이 바쁘다

응용해서 영작 & 말하기

나 지금 일하느라 정신없이 바빠. — I'm swamped with work at the moment.

나 최근에 일하느라 정신없이 바빴어. — I've been swamped with work lately.

힌트 at the moment (바로) 지금, 당장 / have p.p. lately 최근에 ~했다

218

MP3_218 

That's as cheap as chips.

as cheap as = ~만큼 싼 / chips = 감자튀김

그건 감자튀김만큼 싸.

그건 정말 값이 싸.

위 표현은 '흔하고 저렴한 감자튀김만큼 정말 값이 싸다'라는 뜻인데 주로 영국에서 쓰이는 표현이며, 미국에서는 'as cheap as dirt' 혹은 'dirt cheap'이라는 표현을 더 많이 씁니다.

as cheap as chips
= 정말 값이 싼

응용해서 영작 & 말하기

그건 인터넷에서 정말 값이 싸요.	That's as cheap as chips on the Internet.
그거 정말 값이 싸네. 그거 사야겠다.	It's as cheap as chips. I've got to buy it.

힌트 on the Internet 인터넷에서 / I've got to-V 난 ~해야 한다 / buy 사다

219

MP3_219

Make yourself at home.

Make yourself = 너 자신을 만들어라 / at home = 집에서의

집에서의 너 자신을 만들도록 해.

편하게 있어.

'집에서의 너 자신을 만들라'는 말은 곧
'집에 있는 것처럼 편안한 상태의 너 자신이 돼라'는 말로
해석 가능하기 때문에 아래와 같은 의미로 쓰입니다.

Make yourself at home.
= 편하게 있어[쉬어]라.

응용해서 영작 & 말하기

넌 편하게 있어도 돼.	You can make yourself at home.
그냥 앉아서 편히 쉬어.	Just sit down and make yourself at home.

힌트 You can V 넌 ~해도 된다 / Just V 그냥 ~해라 / sit down 앉다

220

MP3_220 

Take it or leave it!

Take = 가져가라 / or = 그렇지 않으면 / leave = 남겨둬라

그걸 가지고 가, 그렇지 않으면 그걸 남겨둬!

하든지 말든지 해!

위 표현은 결단을 안 내리고 계속 우물쭈물하는 사람에게
'결단 안 내리고 안 할 거면 그냥 관둬라'라는 뉘앙스로
말하는 표현이기 때문에 아래와 같이 해석됩니다.

Take it or leave it.
= 하든지 말든지 해라.

응용해서 영작 & 말하기

넌 하든지 말든지 해야 해.	You've got to take it or leave it.
그게 내 마지막 제안이야. 하든지 말든지 해.	It's my final proposal. Take it or leave it.

힌트 You've got to-V 넌 ~해야 한다 / final proposal 마지막 제안

221

MP3_221

I don't want to have egg on my face.

have = 가지다 / egg = 계란(을) / on my face = 내 얼굴에

난 내 얼굴에 계란을 갖는 걸 원치 않아.

⬇

난 창피당하는 걸 원치 않아.

오래전 시시한 공연을 본 관람객들은 공연자에게 계란을 던지며 야유했고, 계란을 맞으면 '모멸감, 창피함'을 느끼기 때문에 아래와 같은 의미가 유래되었습니다.

have egg on one's face
= 창피당하다

응용해서 영작 & 말하기

그날 나 창피당했어.	I had egg on my face that day.
그는 결국 창피당하게 되고 말 거야.	He'll end up having egg on his face.

힌트 that day 그날(에) / end up V-ing 결국 ~하게 되다

222

MP3_222

I'm all ears.

I'm = 나는 ~이다 / all = 모든 / ears = 귀

나는 모든 귀야.

나 들을 준비됐어.

누군가가 '모든 귀'라는 말은 곧
그 사람의 전체가 귀일 정도로 '제대로 들을 자세가 됐다'는
비유적 의미의 표현이므로 아래와 같이 해석됩니다.

all ears
= 들을 준비가 된

응용해서 영작 & 말하기

나한테 말해. 나 들을 준비됐어.	Tell me. I'm all ears.
무슨 일이 있었는지 우리에게 말해. 우린 들을 준비됐어.	Tell us what happened. We're all ears.

힌트 tell 말하다 / what+동사 무엇이[무슨 일이] ~하는지 / happen 일어나다

223

MP3_223 

I'm at a crossroads.

at a crossroads = 교차로에 (있는)

나는 교차로에 있어.

난 선택의 기로에 서 있어.

교차로는 엇갈린 길들이 만나는 지점으로서
'어느 길로 갈지 선택해야 하는 장소'라 볼 수 있고, 따라서
'at a crossroads'는 아래와 같은 비유적 의미로 쓰입니다.

at a crossroads
= 선택의 기로에 서 있는

응용해서 영작 & 말하기

난 내 인생에서 선택의 기로에 서 있어.	I'm at a crossroads in my life.
내 생각에 우리 선택의 기로에 서 있어.	I think we are at a crossroads.

힌트 in my life 내 인생에서 / I think+문장 내 생각에 ~이다

224

MP3_224

I'm an open book.

an open book = 펼쳐진 책

난 펼쳐진 책이야.

난 솔직한 사람이야.

어떤 사람이나 사물이 '펼쳐진 책'이라고 하면
내용이 숨김없이 다 드러나 보이는 펼쳐진 책처럼
'숨길 게 없는 솔직한 사람[것]'이란 비유적 의미가 됩니다.

an open book
= 솔직한 사람, 숨길 게 없는 것

응용해서 영작 & 말하기

전 솔직한 사람이에요. 뭐든지 물어보세요.	I'm an open book. Ask me anything.
내 삶은 숨길 것이 없어. 난 비밀이 하나도 없어.	My life is an open book. I have no secrets.

힌트 ask 물어보다 / anything 무엇이든 / have no N ~이 하나도 없다 / secret 비밀

225

MP3_225

There was a little bit of a kerfuffle.

There was (a little bit of) = (약간의) ~이 있었다

a kerfuffle = 소동, 소란

약간의 소동이 있었어.

kerfuffle은 특히 '의견 충돌에 의한 소동[소란]'을 뜻하며, 뒤에 'over something'을 덧붙여 소동[소란]의 대상이 무엇인지도 함께 말할 수 있습니다.

There was a kerfuffle (over something)
= (~을 놓고) 소동[소란]이 있었다

응용해서 영작 & 말하기

입구에서 소란이 있었어.	There was a kerfuffle at the door.
선수들의 테스트 결과를 놓고 소동이 있었어.	There was a kerfuffle over player's test results.

힌트 at the door 입구에서 / player 선수 / test result 테스트[시험] 결과

226

MP3_226

The boys didn't cut the mustard.

cut = 자르다 / the mustard = 겨자(를)

그 소년들은 겨자를 자르지 못했어.

그 소년들은 기대에 부응하지 못했어.

겨자는 수확하기 매우 힘든 식물 중 하나이며, 따라서 그러한 겨자를 잘라 수확에 성공한다는 건 출중한 능력으로 '기대치에 부응하는 것'이라 볼 수 있습니다.

cut the mustard
= 기대에 부응하다

응용해서 영작 & 말하기

내 예상대로 그녀는 기대에 부응했어.	She cut the mustard as I expected.
그가 기대에 부응할 수 있을 것 같지 않아.	I don't think he can cut the mustard.

힌트 as I expected 내 예상대로 / I don't think+문장 ~일 것 같지 않다

227

MP3_227

How thoughtful of you to say that.

How ~ of you = 정말 ~하시네요 / thoughtful = 사려 깊은

to say that = 그렇게 말하다니

그렇게 말하다니 정말 사려 깊으시네요.

'How+형용사+of you'라고 하면 상대방에게
'정말 ~하시네요'라고 강조[감탄]하며 말하는 표현이 되며,
특히 'thoughtful(사려 깊은)'을 써서 말하는 경우가 많습니다.

How thoughtful of you (to-V)
(~하다니) 정말 사려 깊으시네요

응용해서 영작 & 말하기

제 생일을 기억해 주시다니 정말 사려 깊으시네요!
How thoughtful of you to remember my birthday!

제 기분을 고려해 주시다니 정말 사려 깊으시네요.
How thoughtful of you to consider my feelings.

힌트 remember 기억하다 / consider 고려하다 / my feelings 내 기분

228

MP3_228

There is a fat chance of you winning the competition.

There is = ~이 있다 / a fat chance = 많은(→희박한) 기회

of you winning the competition = 네가 그 시합에서 이길

네가 그 시합에서 이길 가능성은 거의 없어.

'fat chance'가 직역하면 '많은 기회'이지만, 나중엔 '희박한 기회'라고 반어적으로 비꼬아 말하는 표현이 되어 아래와 같은 반어적 의미의 문구로 쓰이고 있습니다.

There is a fat chance (of something V–ing)
= (~이 ~할) 가능성은 거의 없다

응용해서 영작 & 말하기

그것이 일어날(그렇게 될) 가능성은 거의 없어.
There is a fat chance of that happening.

내가 그 역할을 맡을 가능성은 거의 없어.
There is a fat chance of me getting the role.

힌트 that 그것 / happen 일어나다 / get the role 그 역할을 얻다[맡다]

229

MP3_229

He finally got the message.

finally = 마침내 / get = 받다 / the message = 메시지(를)

그가 마침내 메시지를 받았어.

그가 마침내 내 뜻을 알아챘어.

위에서 'the message(메시지)'는 힌트, 암시 등을 통해
'종국적으로 전달하고자 하는 취지[뜻]'를 뜻하기 때문에
'get the message'는 아래와 같은 비유적 의미로 쓰입니다.

get the message
= (누군가의) 뜻을 알아채다

응용해서 영작 & 말하기

그녀가 결국엔 내 뜻을 알아채길 바라.
I hope she will finally get the message.

왜 그는 내 뜻을 알아채지 못하는 걸까?
Why doesn't he get the message?

힌트 I hope+문장 ~이길 바라다 / Why doesn't he V? 왜 그는 ~하지 못하는가?

230

MP3_230

He's lying through his teeth.

lie = 거짓말하다 / through his teeth = 그의 이빨 사이로

그는 그의 이빨 사이로 거짓말을 하고 있어.

그는 새빨간 거짓말을 하고 있어.

'이빨 사이로 거짓말을 하다'라는 말은
이빨 사이사이로 줄줄 새어 나와 거짓말인 게 훤히 다
보일 만큼 '새빨간 거짓말을 하다'라는 뉘앙스로 풀이됩니다.

lie through one's teeth
= 새빨간 거짓말을 하다

응용해서 영작 & 말하기

그녀는 분명 새빨간 거짓말을 하고 있어.	She's definitely lying through her teeth.
개인적으로, 난 그가 새빨간 거짓말을 했다고 생각해.	Personally, I think he lied through his teeth.

힌트 definitely 분명히 / personally 개인적으로 / I think+문장 난 ~이라고 생각한다

231

MP3_231

This is news to me.

This is = 이것은 ~이다 / news = 뉴스 / to me = 나에게

이것은 나에게 뉴스야.

금시초문인데.

'new(뉴스)'는 보통 시청자들이 '처음 듣게 되는 내용'을 전달하고, 따라서 위에서 쓰인 '뉴스'라는 표현은 '처음 듣는 얘기, 금시초문인 내용'을 뜻합니다.

news to someone
= ~에게 금시초문, ~가 처음 듣는 얘기

응용해서 영작 & 말하기

그거 난 금시초문인데. 그거 누가 말해 줬어?	That is news to me. Who told you that?
이거 모두가 처음 듣는 얘기일 거라고 확신해.	I'm sure this is news to everyone.

힌트 Who+동사? 누가 ~하는가? / I'm sure+문장 ~이라고 확신하다 / everyone 모두

232

MP3_232 

It's time to get moving.

It's time to-V = 이제 ~할 시간이다 / get moving = 움직이기 시작하다

이제 움직이기 시작할 시간이야.

이제 행동할 시간이야.

'움직이기 시작하다'라는 뜻의 'get moving'은
'어떤 일을 행동에 옮겨 시작하다'라는 뉘앙스를 내포하고
있기 때문에 위 문장은 아래와 같이 풀이됩니다.

It's time to get moving.
= 이제 행동할[시작할] 시간[때]이다.

응용해서 영작 & 말하기

이제 행동할 시간이 된 것 같아.	Looks like it's time to get moving.
우린 할 일이 많아. 이제 시작할 때가 됐어.	We have a lot to do. It's time to get moving.

힌트 Looks like+문장 ~인 것 같다 / have a lot to do 할 일이 많다

233

MP3_233

That's the spirit!

That's = 그것이 ~이다 / the spirit = 패기

그것이 패기야!

바로 그거야!

위 표현은 어떤 일을 잘하고[옳게 하고] 있는 사람에게
'(정말 잘하고 있다) 바로 그 패기이다! → 바로 그거다!'라는
뉘앙스로 격려하며 용기를 북돋아 주는 표현입니다.

That's the spirit.
= 바로 그거다.

응용해서 영작 & 말하기

아주 좋아. 바로 그거야!	Awesome. That's the spirit!
바로 그거야! 그 열정을 잃지 마.	That's the spirit! Don't lose that enthusiasm.

힌트 awesome 아주 좋은 / Don't V ~하지 마라 / lose 잃다 / enthusiasm 열정

234

MP3_234 

I'm on the mend.

mend = (건강이) 회복되다

on the mend = (건강이) 회복 중인

난 회복 중이야.

mend는 '수리하다' 외에 '(건강이) 회복되다'라는 뜻도 있으며, 따라서 mend를 명사적으로 활용하여 'on the mend'라고 하면 아래와 같은 의미가 됩니다.

on the mend
= 회복 중인, 회복되고 있는

응용해서 영작 & 말하기

나 이제 회복되고 있는 것 같아.	I feel like I'm on the mend now.
그는 감기로 고생했지만, 지금은 회복 중이야.	He suffered from cold, but he's on the mend now.

힌트 I feel like+문장 난 ~인 것 같다 / suffer from ~으로 고생하다 / cold 감기

235

MP3_235

You sold me.

sell = 팔다

너는 나를 팔았어.

나 너한테 설득당했어.

위의 말은 정말로 상대방이 나를 팔았다는 뜻이 아니라
'너의 말에 내가 넘어가 결국 설득당했다'는 말의
비유적 표현이므로 아래와 같이 해석됩니다.

Someone sold me (on something)
= (~에 대해) 난 ~에게 설득당했다

응용해서 영작 & 말하기

난 완전히 너한테 설득당했어.	You completely sold me.
난 그 아이디어에 대해 완전히 그에게 설득당했어.	He completely sold me on the idea.

힌트 completely 완전히, 전적으로 / idea 아이디어

236

MP3_236 

I can't wrap my head around that.

wrap my head = 내 머리를 두르다 / around that = 그것 주위에

난 그것 주위에 내 머리를 둘러 놓을 수 없어.

난 그걸 이해할 수 없어.

'어떤 것의 주위에 내 머리를 둘러 놓다'라는 말은
'그 주위를 내 머리로 감싸다'라는 뜻이고, 이는 그것에 대해
'머리를 감싸고 곰곰이 생각하여 이해하다'라는 말로 풀이됩니다.

wrap one's head around something
= ~을 이해하다

응용해서 영작 & 말하기

난 그냥 그걸 이해할 수가 없어.	I just can't wrap my head around that.
난 그 개념을 이해할 수가 없었어.	I couldn't wrap my head around that concept.

힌트 (just) can't V (그냥) ~할 수 없다 / couldn't V ~할 수 없었다 / concept 개념

237

MP3_237

That's so sweet of you.

That's (so) ~ of you = 너는 (정말) ~하다

sweet = 친절한, 다정한

너 정말 친절하구나.

상대방의 친절함에 고마움을 표할 때 쓰는 위 표현은 남자들 사이에서는 거의 쓰이지 않고 보통 화자보다 나이가 어리거나 직위가 낮은 사람에게 쓰는 표현입니다.

That's so sweet of you (to-V)
= (~하다니) 당신은 정말 친절하군요

응용해서 영작 & 말하기

진짜 정말 친절하시네요.	That's so sweet of you indeed.
저를 생각해 주시다니 정말 친절하시군요.	That's so sweet of you to think of me.

힌트 indeed 진짜, 확실히 / think of ~을 생각하다

238

MP3_238

I'll figure it out.

figure(생각하다) + out(끝난)

figure out = (생각 끝에) 해결하다

내가 해결할게.

'해결하다/알아내다/이해하다'라는 뜻의 구동사 'figure out'은 목적어가 it과 같은 대명사일 땐 두 단어 사이에 오고, 그 외 명사 목적어들은 맨 뒤에 위치하여 아래와 같이 쓰입니다.

figure (pronoun) out / figure out (noun)
= (~을) 해결하다·알아내다·이해하다

응용해서 영작 & 말하기

내가 지금 당장 그걸 해결할게.	I'll figure it out right now.
그는 이유를 알아내려고 애쓰고 있었어.	He was trying to figure out the reason.

힌트 right now 지금 당장 / try to-V ~하려고 노력하다[애쓰다] / reason 이유

239

MP3_239

Mobile technology is taking centre stage.

take = 차지하다 / centre stage = 연극 무대의 중앙

모바일 기술은 연극 무대의 중앙을 차지하고 있어.

⬇

모바일 기술은 주목받고 있어.

'연극 무대의 중앙을 차지하다'라는 말은
모든 관객의 시선이 집중되는 연극 무대의 중앙을 차지한 듯
'주목받다, 각광받다'라는 말의 비유적 표현입니다.

take centre stage
= 주목받다, 각광받다

응용해서 영작 & 말하기

그녀는 새로운 드라마에서 주목받고 있어.
She is taking centre stage in the new series.

그는 항상 주목받는 걸 좋아해.
He always likes to take centre stage.

힌트 in the new series 새로운 드라마에서 / always like to-V 항상 ~하는 걸 좋아하다

240

MP3_240

He will lay bare the ugly truth.

lay bare = 발가벗기다 / the ugly truth = 추한 사실(을)

그는 추한 사실을 발가벗길 거야.

그는 추악한 진실을 폭로할 거야.

'사실을 발가벗기다'라는 말은
'사실을 발가벗겨 내용을 낱낱이 드러내다'라는 뜻으로
풀이 가능하기 때문에 아래와 같은 의미로 쓰입니다.

lay bare the (ugly) truth
= (추악한) 진실을 폭로하다

응용해서 영작 & 말하기

그는 그녀의 생활에 대한 진실을 폭로했어.

He laid bare the truth about her life.

때때로 추악한 진실을 폭로할 필요가 있어.

Sometimes it's necessary to lay bare the ugly truth.

힌트 life 삶, 생활 / sometimes 때때로 / It's necessary to-V ~할 필요가 있다

211~240 나의 네이티브력 체크!

❶ 30개 문장들을 쭉 읽어 나가며 의미를 곱씹어 보세요.

❷ '이게 뭔 뜻이었지?'하는 문장이 있다면 우측 박스(☐)에 체크 표시를 하세요.

❸ 체크 표시가 된 문장들은 해당 페이지로 돌아가 다시 한 번 복습하세요.

211 I just winged it. ☐

212 It's kind of bittersweet. ☐

213 I'm at a loss for words. ☐

214 We went the extra mile. ☐

215 We cry wolf a lot. ☐

216 I cancelled them. ☐

217 I was swamped with work. ☐

218 That's as cheap as chips. ☐

219 Make yourself at home. ☐

220 Take it or leave it! ☐

221 I don't want to have egg on my face. ☐

222 I'm all ears. ☐

223 I'm at a crossroads. ☐

224 I'm an open book. ☐

225 There was a little bit of a kerfuffle. ☐

226 The boys didn't cut the mustard. ☐

227 How thoughtful of you to say that. ☐

228 There is a fat chance of you winning the competition. ☐

229 He finally got the message. ☐

230 He's lying through his teeth. ☐

231 This is news to me. ☐

232 It's time to get moving. ☐

233 That's the spirit! ☐

234 I'm on the mend. ☐

235 You sold me. ☐

236 I can't wrap my head around that. ☐

237 That's so sweet of you. ☐

238 I'll figure it out. ☐

239 Mobile technology is taking centre stage. ☐

240 He will lay bare the ugly truth. ☐

현재 나의 네이티브력

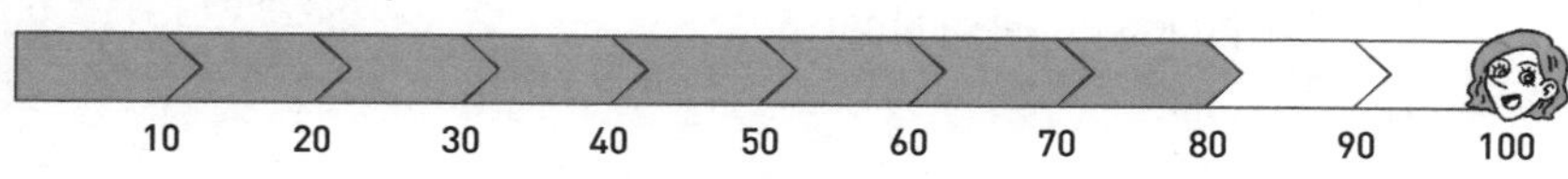

Chapter 09

네이티브력 급상승 영어 문장

241 I'll leave no stone unturned.
242 I'm off to the gym.
243 Here's the thing.
244 The day can't come soon enough.
245 He has clout.
246 He vanished into thin air.
247 Don't change the subject.
248 I'm a glass half-full person.
249 Money doesn't grow on trees.
250 Let's get into the swing of things.
251 I'm working on it.
252 She dropped a bombshell.
253 I was in a quandary.
254 Keep a lid on it.
255 I pulled an all-nighter.

241-270

256 He has a heart of gold.

257 Everything is up in the air.

258 I'm on the fence.

259 My heart skipped a beat.

260 This is a walk in the park.

261 Speak for yourself.

262 Get your act together!

263 I'm not fazed.

264 Don't drag your feet.

265 Knock it off!

266 What brought you here?

267 The ball is in your court.

268 That will be the day.

269 They're fighting tooth and nail.

270 I passed with flying colours.

241

MP3_241

I'll leave no stone unturned.

leave no stone = 어떤 돌도 남겨두지 않다 / unturned = 안 뒤집어진

난 어떤 돌도 안 뒤집어지게 남겨두지 않을 거야.

난 온갖 수단을 다 쓸 거야.

위 표현은 땅속에 묻힌 보물을 찾기 위해
'모든 돌들을 뒤집어 땅속을 샅샅이 파헤치는 노력'을
하는 것에서 유래되어 아래와 같은 의미로 쓰입니다.

leave no stone unturned (to-V)
= (~하기 위해) 온갖 수단을 다 쓰다

응용해서 영작 & 말하기

난 널 돕기 위해 온갖 수단을 다 쓸 거야. — I'll leave no stone unturned to help you.

그들은 해결책을 찾기 위해 온갖 수단을 다 썼어. — They left no stone unturned to find a solution.

힌트 help 돕다 / find 찾다 / solution 해결책

242

MP3_242

I'm off to the gym.

off = 벗어난 / to the gym = 헬스장을 향해

난 헬스장을 향해 벗어날 거야.

난 헬스장에 갈 거야.

off는 '살짝 떨어져서 벗어난' 상태를 나타내기 때문에
'I'm off = 나는 살짝 떨어져서 벗어날 것이다'이고, 이는 곧
'현재 있는 곳에서 벗어나 어딘가로 가겠다'는 뜻입니다.

I'm off (to somewhere/to-V)
= 나는 (~으로/~하러) 갈 거다

응용해서 영작 & 말하기

나 오늘 일찍 일하러 갈 거야.	I'm off to work early today.
나 이제 자러 갈 거야. 잘 자!	I'm off to sleep now. Good night!

힌트 work 일터[직장] / early 일찍 / sleep 자다 / Good night 잘 자

243

MP3_243 

Here's the thing.

Here's = 여기에 ~이 있다 / the thing = 그것

여기에 그것이 있어.

저기 근데 말이야.

위 표현은 말하기 어렵거나 귀 기울여야 할 화제를
꺼내기 전에 그러한 화제를 일단 '그것(the thing)'이라고
포장하며 아래와 같은 뉘앙스로 운을 띄울 때 쓰입니다.

Here's the thing.
= 저기 근데 말이야.

응용해서 영작 & 말하기

저기 근데 말이지… 나 내 여권을 안 가져왔어.	Here's the thing... I didn't bring my passport.
저기 근데 말이야. 나 해산물을 안 좋아해.	Here's the thing. I don't like seafood.

힌트 bring 가져오다 / passport 여권 / seafood 해산물

244

MP3_244

The day can't come soon enough.

can't come = 올 수 없다 / soon enough = 충분히 빨리

그날은 충분히 빨리 올 수 없어.

그날이 빨리 왔으면 좋겠어.

위 표현은 어떤 것이 '충분히 빨리 올 수 없다'고
느껴질 만큼 그것이 '굉장히 기다려진다'는 뉘앙스로
풀이되어 아래와 같은 비유적 의미로 쓰입니다.
Something can't come soon enough.
= ~이 빨리 왔으면 좋겠다.

응용해서 영작 & 말하기

크리스마스가 빨리 왔으면 좋겠어.	Christmas can't come soon enough.
수영하러 갈 수 있게 여름이 빨리 왔으면 좋겠어.	Summer can't come soon enough so that I can go swimming.

힌트 so that+문장 ~일 수 있게 / summer 여름 / go swimming 수영하러 가다

245

MP3_245

He has clout.

He has = 그는 갖고 있다 / clout = 영향력(을)

그는 영향력을 갖고 있어.

그는 영향력이 있어.

clout는 동사로는 '(손으로) 세게 때리다'라는 뜻이지만 명사로는 '영향력'이라는 뜻을 갖고 있으며, 'have clout'는 특히 유명 인플루언서들을 대상으로도 많이 쓰입니다.

have clout
= 영향력이 있다

응용해서 영작 & 말하기

그는 SNS에서 영향력이 있어.	He has clout on social media.
그녀는 그 업계에서 진짜 영향력이 있어.	She has real clout in the industry.

힌트 on social media 소셜미디어[SNS]에서 / real 진짜 / in the industry 그 업계에서

246

MP3_246 

He vanished into thin air.

vanish = 사라지다 / into thin air = 옅은 공기 속으로

그는 옅은 공기 속으로 사라졌어.

그는 감쪽같이 사라졌어.

'옅은 공기 속으로 사라지다'라는 말은
눈에 보이지도, 손에 잡히지도 않는 옅은 공기 속으로 사라져
'온데간데없다'는 말로 풀이되어 아래와 같이 해석됩니다.

vanish into thin air
= 감쪽같이 사라지다

응용해서 영작 & 말하기

그게 어찌된 일인지 감쪽같이 사라졌어.	It somehow vanished into thin air.
그녀는 갑자기 감쪽같이 사라졌어.	She vanished into thin air all of a sudden.

힌트 somehow 어찌된 일인지[셈인지] / all of a sudden 갑자기

247

MP3_247

Don't change the subject.

change = 바꾸다 / the subject = 화제(를)

화제를 바꾸지 마.

말 돌리지 마.

'화제를 바꾸다'라는 말은
'이야기 중인 화제를 벗어나 다른 말을 하다'라고
풀이 가능하기 때문에 아래와 같은 의미로 쓰입니다.

change the subject
= 말을 돌리다[바꾸다]

응용해서 영작 & 말하기

말 돌리지 마. 이 문자 누가 보냈어?	Don't change the subject. Who sent this text?
그는 질문들을 피하려고 말을 돌렸어.	He changed the subject to avoid questions.

힌트 Who V? 누가 ~하나? / send 보내다 / text 문자 / avoid 피하다 / question 질문

248

MP3_248

I'm a glass half-full person.

a glass half-full = 반이나 차 있는 잔

저는 잔이 반이나 차 있다고 생각하는 사람이에요.

저는 낙관적인 사람이에요.

'잔이 반 밖에 안 찼다'가 아닌 '잔이 반이나 찼다'고 생각하는 사람은 '낙관적인 관점을 가진 사람'이기 때문에 'a glass half-full person'은 아래와 같은 의미로 쓰입니다.

a glass half-full person
= 낙관[낙천]적인 사람

응용해서 영작 & 말하기

그는 완전히 낙천적인 사람이에요.

He's absolutely a glass half-full person.

난 항상 긍정적으로 생각하는 낙관적인 사람이야.

I'm a glass half-full person who always thinks positive.

힌트 absolutely 완전히 / person who V ~하는 사람 / think positive 긍정적으로 생각하다

249

MP3_249

Money doesn't grow on trees.

doesn't grow = 자라지 않는다 / on trees = 나무에서

돈은 나무에서 자라지 않아.

돈 낭비하지 마.

'돈은 나무에서 자라지 않는다'라는 말은
'땅을 파 봐라, 돈이 나오나'라는 한국식 표현과 유사한
맥락의 표현이며 아래와 같은 의미로 풀이됩니다.

Money doesn't grow on trees.
= 돈 낭비하지 마라. / 돈은 그냥 생기는 게 아니다.

응용해서 영작 & 말하기

너 돈을 전부 다 썼어?
돈 낭비하지 마.

You spent all money?
Money doesn't grow on trees.

돈이 그냥 생기는 게 아니란 걸
넌 꼭 알아야 해.

You must know that
money doesn't grow on trees.

힌트 spend 쓰다 / all money 돈 전부 / must V (꼭) ~해야 한다

250

MP3_250

Let's get into the swing of things.

get into = ~안으로 들어가다 / the swing of things = 일들의 그네

일들의 그네 안으로 들어가자.

익숙해져 보자.

그네는 타기 전엔 두렵지만 타다 보면 익숙해지고, 따라서 '그네 안으로 들어가다'라는 말은 '그네를 타서 익숙해지다'라는 뉘앙스로 풀이되어 아래와 같은 비유적 의미로 쓰입니다.

get into the swing of things
= 익숙해지다

응용해서 영작 & 말하기

네가 익숙해지게 될 거라고 확신해.	I'm sure you'll get into the swing of things.
긴장 풀고 익숙해지려고 노력해 봐.	Relax and try to get into the swing of things.

힌트 I'm sure+문장 ~이라고 확신하다 / relax 긴장을 풀다 / try to-V ~하려고 노력하다

251

MP3_251

I'm working on it.

work on = ~에 노력을 들이다

난 그것에 노력을 들이는 중이야.

계속 노력하는 중이야.

'I'm working on it'은 '비교적 긴 기간을 잡고 노력 중'이라는 뉘앙스가 내포된 표현이기 때문에 다소 긴 기간에 걸쳐 무언가에 공들이고 있는 상황에서 쓰입니다.

I'm working on it.
= 계속 노력하는 중이다.

응용해서 영작 & 말하기

많이 하지는 못했지만,
계속 노력하는 중입니다.

I haven't done much, but
I'm working on it.

해결책을 찾기 위해
계속 노력하는 중이야.

I'm working on it
to find a solution.

힌트 haven't done (much) (많이) 하지 못했다 / find 찾다 / solution 해결책

252

MP3_252

She dropped a bombshell.

drop = 떨어뜨리다 / bombshell = 폭탄선언(을)

그녀는 폭탄선언을 떨어뜨렸어.

그녀는 폭탄선언을 했어.

'drop a bombshell'이라는 표현은 특히
좋은 내용보다는 불쾌한 내용을 담은 경우가 많기 때문에
다소 부정적인 뉘앙스로 쓰인다고 보시면 됩니다.

drop a bombshell (on someone)
= (~에게) 폭탄선언을 하다

응용해서 영작 & 말하기

어젯밤에 그녀가 나에게 폭탄선언을 했어.

She dropped a bombshell on me last night.

그가 너에게 방금 막 폭탄선언을 했다고 들었어.

I heard he has just dropped a bombshell on you.

힌트 last night 어젯밤 / I heard+문장 ~라고 들었다 / have just p.p. 방금 막 ~했다

253

MP3_253 

I was in a quandary.

quandary = 곤경, 당혹

난 곤경[당혹] 속에 있었어.

어찌할 바를 모르겠더라고.

'곤경[당혹] 속에 있다'라는 말은 곤경에 빠지거나
당혹스러워 '어찌할 바를 모르다'라는 말로 풀이되며
자신이 연루된 상황에서 결단을 못 내리고 있을 때 쓰입니다.

be in a quandary
= 어찌할 바를 모르다

응용해서 영작 & 말하기

사실, 지난밤에 어찌할 바를 모르겠더라고.	In fact, I was in a quandary last night.
모든 사람들이 그것에 대해 어찌할 바를 모르더라고.	Everyone was in a quandary about that.

힌트 in fact 사실 / last night 지난밤(에) / everyone 모든 사람들

254

MP3_254

Keep a lid on it.

keep = 유지하다 / a lid = 뚜껑(을) / on it = 그것 위에

그것 위에 뚜껑을 유지해 줘.

비밀로 해 줘.

'어떤 것 위에 뚜껑을 유지하다'라는 말은
그것 위에 뚜껑을 덮어서 안이 보이지 않도록 감추어
'비밀을 유지하다'라는 뉘앙스로 풀이됩니다.

keep a lid on something
= ~을 비밀로 하다

응용해서 영작 & 말하기

당분간은 그걸 비밀로 해 줘.	Keep a lid on it for now.
우리는 그 계약을 비밀로 할 필요가 있어.	We need to keep a lid on the contract.

힌트 for now 우선은, 당분간은 / need to-V ~할 필요가 있다 / contract 계약

255

MP3_255

I pulled an all-nighter.

pull = 잡아당기다 / an all-nighter = 밤샘 일(을)

나는 밤샘 일을 잡아당겼어.

나 밤새 일했어.

'밤샘 일을 잡아당기다'라는 말은 할 일을 내 앞으로 잡아당겨 붙들고 앉아 '밤새도록 일하다'라는 뉘앙스로 풀이 가능하기 때문에 아래와 같은 의미로 쓰입니다.

pull an all-nighter (to-V)
= (~하기 위해) 밤새 일하다, 밤새우다

응용해서 영작 & 말하기

나 시험 공부를 하기 위해 밤을 새웠어.	I pulled an all-nighter to study for the test.
우리가 밤을 새워야 할 것 같아요.	We might have to pull an all-nighter.

힌트 study for the test 시험 공부를 하다 / might have to-V ~해야 할 것 같다

256

MP3_256

He has a heart of gold.

have = 가지다 / a heart of gold = 금의 마음(을)

그는 금의 마음을 가지고 있어.

그는 매우 친절한 사람이야.

'a heart of gold(금의 마음)'라는 표현은 셰익스피어가 '매우 친절하고 관대한 마음'을 묘사할 때 쓴 표현이라고 하며, 이를 좀 더 의역하면 아래와 같은 의미로 해석됩니다.

have a heart of gold
= 매우 친절한 사람이다

응용해서 영작 & 말하기

그녀는 매우 친절한 사람이야. 난 그녀의 친구가 되고 싶어.	She has a heart of gold. I want to be her friend.
그는 심술궂지만, 매우 친절한 사람이야.	He's grumpy, but he has a heart of gold.

힌트 want to-V ~하고 싶다 / be one's friend ~의 친구가 되다 / grumpy 심술궂은

257

MP3_257

Everything is up in the air.

everything = 모든 것(이) / up in the air = 공중에 떠 있는

모든 것이 공중에 떠 있어.

모든 것이 불확실해.

'공중에 떠 있다'라는 말은
'한 곳에 정착하지 못하고 허공을 둥둥 떠다니다'라는
뉘앙스로 풀이 가능하기 때문에 아래와 같이 해석됩니다.

be up in the air
= 불확실하다, 미정이다

응용해서 영작 & 말하기

장소가 아직도 미정이야.	The venue is still up in the air.
나 카페를 열었는데, 모든 것이 불확실해.	I've opened a cafe, but everything is up in the air.

힌트 venue 장소 / still 아직도 / open 열다[개업하다] / cafe 카페

258

MP3_258 

I'm on the fence.

on the fence = 울타리 위에 (있는)

나는 울타리 위에 있어.

아직 결정 못했어.

'울타리 위에 있다'라는 말은 울타리 위에 앉아
좌우 어느 쪽으로 갈지 결정하지 못하고 계속 앉아만 있는
상황을 묘사한 말로서 아래와 같은 뜻으로 풀이됩니다.

be on the fence
= 아직 결정 못하다, 애매한 태도를 취하다

응용해서 영작 & 말하기

솔직히 말하면,
나 아직 결정 못했어.

Frankly speaking,
I'm on the fence.

넌 애매한 태도를 취하는 걸
멈춰야 해.

You should stop
being on the fence.

힌트 frankly speaking 솔직히 말해서 / stop V-ing ~하는 걸 멈추다

259

MP3_259

My heart skipped a beat.

my heart = 내 심장(이) / skip = 건너뛰다 / a beat = 박자(를)

내 심장이 박자를 건너뛰었어.

나 완전 심쿵했어.

심장이 박자를 건너뛴다는 건 심장 박동이 일순간 멈추어
불규칙하게 뛸 만큼 '놀랍고, 흥분되고, 설레는 감정 상태'라는
의미이기 때문에 위 표현은 아래와 같이 의역됩니다.

My heart skips a beat.
= 나 완전 심쿵해.

응용해서 영작 & 말하기

그녀가 날 볼 때마다,
나 완전 심쿵해.

Whenever she looks at me,
my heart skips a beat.

지금 나 완전 심쿵해.
그가 날 좋아하는 것 같아.

My heart skips a beat now.
I think he likes me.

힌트 whenever+문장 ~일 때마다 / look at ~을 보다 / I think+문장 ~인 것 같다

260

MP3_260

This is a walk in the park.

a walk = 산책 / in the park = 공원에서의

이건 공원에서의 산책이야.

이건 식은 죽 먹기야.

'공원에서의 산책'은 아주 쉽고, 즐겁고, 편안한 일이기 때문에 'a walk in the park'는 그러한 일들을 '식은 죽 먹기'라는 뉘앙스로 묘사할 때 쓰입니다.

a walk in the park
= 식은 죽 먹기

응용해서 영작 & 말하기

시험이 확실히 식은 죽 먹기였어.	The test was definitely a walk in the park.
너 걱정할 필요 없어! 이건 식은 죽 먹기야.	You needn't worry! This is a walk in the park.

힌트 test 시험 / definitely 확실히 / needn't V ~할 필요 없다 / worry 걱정하다

261

MP3_261

Speak for yourself.

speak = 말하다 / for yourself = 너 자신을 위해

너 자신을 위해 말해.

그건 네 생각이지.

'너 자신을 위해 말해라'라는 말은
'나까지 같은 생각일 거라 묶지 말고 너의 얘기만 하라'는
뉘앙스가 내포돼 있어 아래와 같은 의미로 쓰입니다.

Speak for yourself.
= 그건 네 생각이다. / 너나 그렇다.

응용해서 영작 & 말하기

너나 그렇지.
나는 상관없어.

Speak for yourself.
I don't care.

그건 네 생각이지.
난 그냥 여기 있고 싶어.

Speak for yourself.
I just want to stay here.

힌트 care 상관하다 / just want to-V 그냥 ~하고 싶다 / stay here 여기 머물다[있다]

262

MP3_262

Get your act together!

get together = 잘 정리하다 / your act = 너의 행동(을)

너의 행동을 잘 정리해!

정신 차려!

'행동을 잘 정리하다'라는 말은 제대로 해야 할 행동을 문제없이 실천에 옮길 수 있도록 '정신을 똑바로 하다'라는 뉘앙스로 풀이되어 아래와 같은 의미로 해석됩니다.

get one's act together
= 정신을 차리다

응용해서 영작 & 말하기

우선, 제발 정신 차려!	First of all, please get your act together!
나는 40대에 정신을 차렸어.	I got my act together in my forties.

힌트 first of all 우선 / Please+명령문 제발 ~하라 / in one's forties ~의 40대에

263

MP3_263

I'm not fazed.

I'm = 난 ~하다 / not fazed = 당황하지 않는

난 당황하지 않아.

난 개의치 않아.

faze는 '당황하게 하다'라는 뜻의 동사인데
부정문에서 'be not fazed'와 같은 수동태 형태로 바뀌어
아래와 같은 의미로 빈번하게 쓰입니다.

be not fazed (by something)
= (~에) 당황하지[개의치] 않다

응용해서 영작 & 말하기

사실, 난 쉽게 당황하지 않아.	In fact, I'm not easily fazed.
그녀는 그 나쁜 소식에 개의치 않았어.	She was not fazed by the bad news.

힌트 in fact 사실 / easily 쉽게 / bad news 나쁜 소식

264

MP3_264

Don't drag your feet.

drag = 질질 끌다 / your feet = 너의 발(을)

너의 발을 질질 끌지 마.

늦장 부리지 마.

'발을 질질 끌다'라는 말은 어떤 일을 계속 미루다
결국엔 그것을 하기 위해 마지못해 발을 질질 끌며
'늦장 부리며 걸어가는 모습'을 연상하면 이해가 쉽습니다.

drag one's feet (on something)
= (~에 대해) 늦장 부리다, 시간을 질질 끌다

응용해서 영작 & 말하기

학교 갈 시간이야. 늦장 부리지 마.	It's time to go to school. Don't drag your feet.
그들은 그 문제에 대해 시간을 질질 끌고 있어.	They're dragging their feet on the issue.

힌트 It's time to-V ~할 시간이다 / go to school 학교에 가다 / issue 문제

265

MP3_265

Knock it off!

knock off = 끝내다 / it = 그것(을)

그것을 끝내!

그만 좀 해!

'knock(치다)'와 'off(끝난)'가 결합돼 만들어진
'knock off'는 펀치를 날려서 상대방을 쓰러뜨려 경기를 끝내듯
'끝내 버리다, 관두다'라는 뉘앙스를 가진 동사 표현입니다.

knock it off
= (당장) 그만하다

응용해서 영작 & 말하기

제발 그만 좀 해. 나 자려고 노력 중이잖아.	Please knock it off. I'm trying to sleep.
나 당장 그만해야 할 것 같아.	I think I should knock it off.

힌트 try to-V ~하려고 노력하다 / I think I should V 난 ~해야 할 것 같다

266

MP3_266 

What brought you here?

What brought = 무엇이 데려왔는가 / you = 너(를) / here = 여기에

무엇이 너를 여기에 데려왔어?

여긴 웬일이야?

'무엇이 너를 여기에 데려왔느냐'라는 위 질문은 결국
'무슨 일로 여기에 오게 됐느냐'라고 에둘러서 묻는
완곡한 질문으로서 구어적으로는 아래와 같이 해석됩니다.

What brought you here?
= 여긴 웬일이야?

응용해서 영작 & 말하기

여긴 웬일이야? 나에게 말해 줘.	What brought you here? Please tell me.
이렇게 이른 아침에 여긴 웬일이야?	What brought you here so early in the morning?

힌트 tell me 나에게 말하다 / (so early) in the morning (이렇게 이른) 아침에

267

MP3_267

The ball is in your court.

The ball = 공(이) / in your court = 너의 코트 안에 (있는)

공이 너의 코트 안에 있어.

결정은 너에게 달려 있어.

위 표현은 테니스 경기를 할 때 공의 향방이
공이 넘어간 코트 쪽 선수에게 달려 있는 것에서
유래되어 아래와 같은 비유적 의미로 쓰이게 되었습니다.

The ball is in one's court.
= 결정은 ~에 달려 있다.

응용해서 영작 & 말하기

결정은 너에게 달려 있는 것 같아.	I guess the ball is in your court.
결국에는, 결정은 정부에 달려 있어.	After all, the ball is in the government's court.

힌트 I guess+문장 ~인 것 같다 / after all 결국에는 / government 정부

268

MP3_268

That will be the day.

That will be = 그것은 ~이 될 것이다 / the day = 그날

그것은 그날이 될 것이다.

그럴 리가 없지.

'그것은 그날이 될 것이다'라고 직역되는 위 표현은 '그날은 절대 오지 않는다'라는 말을 반어적 뉘앙스로 비꼬아 말하는 표현이기 때문에 아래와 같이 해석됩니다.

That will be the day.
= 그럴 리가 없다.

응용해서 영작 & 말하기

그가 누군가를 사귀고 있다고? 그럴 리가 없어.	He is seeing someone? That will be the day.
그녀가 너에게 커피를 샀다고? 그럴 리가 없어!	She bought a coffee for you? That will be the day!

힌트 see someone 누군가를 사귀다 / buy a coffee (for you) (너에게) 커피를 사다

269

MP3_269

They're fighting tooth and nail.

fight tooth and nail = 이빨과 손톱으로 싸우다

그들은 이빨과 손톱으로 싸우는 중이야.

그들은 필사적으로 싸우는 중이야.

'이빨과 손톱으로 싸우다'라는 말은 이빨과 손톱을 날카롭게 세워 덤빌 만큼 '맹렬히[필사적으로] 싸우다'라는 뉘앙스로 풀이되어 아래와 같은 의미로 쓰입니다.

fight tooth and nail (to-V)
= (~하기 위해) 필사적으로 싸우다

응용해서 영작 & 말하기

그들은 살아남기 위해 필사적으로 싸우는 중이야.	They're fighting tooth and nail to survive.
우리는 그들을 막기 위해 필사적으로 싸웠어.	We fought tooth and nail to stop them.

힌트 survive 살아남다 / stop someone ~을 막다

270

MP3_270

I passed with flying colours.

pass = 합격하다 / with flying colours = 휘날리는 깃발과 함께

난 휘날리는 깃발과 함께 합격했어.

난 훌륭한 성적으로 합격했어.

전쟁에서 승리한 군대는 '승리의 성적표처럼 깃발을 흔들며'
돌아오기 때문에 '휘날리는 깃발 → 훌륭한 성적'이라고
풀이 가능하므로 위 표현은 아래와 같이 해석됩니다.

pass (something) with flying colours
= 훌륭한 성적으로 (~을) 합격[통과]하다

응용해서 영작 & 말하기

난 네가 훌륭한 성적으로 합격할 거라 확신해.	I'm sure you'll pass with flying colours.
그녀는 훌륭한 성적으로 취업 면접을 통과했어.	She passed her job interview with flying colours.

힌트 I'm sure+문장 난 ~일 거라 확신한다 / job interview 취업 면접

241~270 나의 네이티브력 체크!

❶ 30개 문장들을 쭉 읽어 나가며 의미를 곱씹어 보세요.

❷ '이게 뭔 뜻이었지?'하는 문장이 있다면 우측 박스(□)에 체크 표시를 하세요.

❸ 체크 표시가 된 문장들은 해당 페이지로 돌아가 다시 한 번 복습하세요.

241 I'll leave no stone unturned. □

242 I'm off to the gym. □

243 Here's the thing. □

244 The day can't come soon enough. □

245 He has clout. □

246 He vanished into thin air. □

247 Don't change the subject. □

248 I'm a glass half-full person. □

249 Money doesn't grow on trees. □

250 Let's get into the swing of things. □

251 I'm working on it. □

252 She dropped a bombshell. □

253 I was in a quandary. □

254 Keep a lid on it. ☐

255 I pulled an all-nighter. ☐

256 He has a heart of gold. ☐

257 Everything is up in the air. ☐

258 I'm on the fence. ☐

259 My heart skipped a beat. ☐

260 This is a walk in the park. ☐

261 Speak for yourself. ☐

262 Get your act together! ☐

263 I'm not fazed. ☐

264 Don't drag your feet. ☐

265 Knock it off! ☐

266 What brought you here? ☐

267 The ball is in your court. ☐

268 That will be the day. ☐

269 They're fighting tooth and nail. ☐

270 I passed with flying colours. ☐

현재 나의 네이티브력

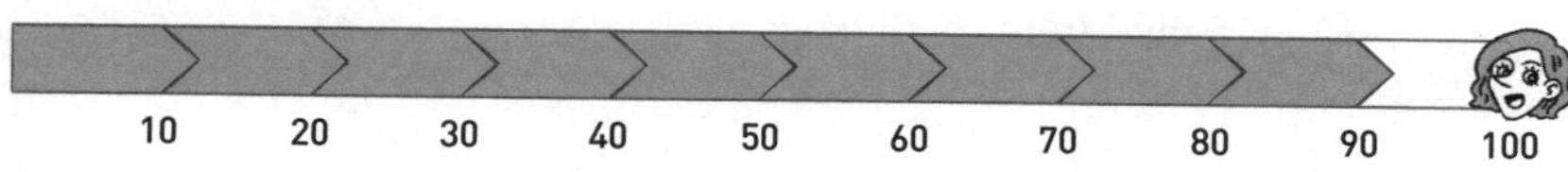

Chapter 10

네이티브력 급상승 영어 문장

271 I don't want to make a scene.
272 That cracked me up!
273 I'll have you know.
274 Hear me out.
275 You're telling me.
276 His wife chewed him out.
277 Please spread the word.
278 I hate to break it to you, but...
279 For all I care.
280 Don't sweat it.
281 No word of a lie.
282 People came out of the woodwork.
283 It's like riding a bike.
284 I pored over this book.
285 It's high time we did.

271-300

286 I don't want to split hairs.

287 He made a blunder.

288 He has money to burn.

289 I got choked up.

290 Try not to get in the way.

291 You have to learn the ropes.

292 He's milking it.

293 You can't cherry-pick.

294 You hit the bull's-eye.

295 What's in a name?

296 He walks the walk, not just talks the talk.

297 We'll cross that bridge when we come to it.

298 Let's let the dust settle.

299 He was as hard as nails.

300 You have what it takes to succeed.

MP3_271 

I don't want to make a scene.

make = 만들다 / a scene = 장면(을)

난 장면을 만들고 싶지 않아.

난 소란 피우고 싶지 않아.

'장면을 만들다'라는 말은 관객의 관심이 집중되는
연극의 한 장면을 만들어 내듯이 남들의 이목이 집중되는
'소란[야단법석]을 만들어내다'라는 뉘앙스로 풀이됩니다.

make a scene
= 소란을 피우다, 야단법석을 떨다

응용해서 영작 & 말하기

사람들 있는 데에서 소란 일으키지 마!	Don't make a scene in public!
그는 야단법석 떠는 걸 좋아하지 않아.	He doesn't like to make a scene.

힌트 in public 사람들이 있는 데에서 / don't like to-V ~하는 걸 좋아하지 않다

272

MP3_272 

That cracked me up!

crack me up = 나를 몹시 웃기다

그것은 나를 몹시 웃겼어!

그것 때문에 빵 터졌어!

crack은 '금이 가게 하다'라는 뜻이 있기 때문에
'crack up'을 '입꼬리가 올라가 양 옆으로 금[주름]이 갈 만큼
웃게 만들다'라고 상상하면 그 뜻을 이해하기 쉽습니다.

crack up / crack someone up
= 빵 터지다 / ~을 빵 터지게 하다

응용해서 영작 & 말하기

넌 매번 날 빵 터지게 해.	You crack me up every time.
나 그녀의 얼굴을 봤을 때 완전 빵 터졌어.	I cracked up so hard when I saw her face.

힌트 every time 매번 / crack up so hard 완전 빵 터지다 / her face 그녀의 얼굴

273

MP3_273

I'll have you know...

I'll = 난 ~할 것이다 / have you know = 네가 알게 하다

난 네가 알게 할 거야…

뭘 잘 모르나 본데…

위 표현은 어떠한 사실을 잘 모르는 상대방에게 '(당신이 뭘 잘 모르나 본데) 내가 확실히 알게 해 주겠다'라는 뉘앙스로 말하는 표현이므로 아래와 같이 풀이됩니다.

I'll have you know (that 문장)
= 뭘 잘 모르나 본데 (~이다)

응용해서 영작 & 말하기

뭘 잘 모르나 본데 그는 매우 좋은 사람이야.	I'll have you know that he is a very nice person.
뭘 잘 모르나 본데 난 3개 국어를 해.	I'll have you know that I speak three languages.

힌트 (very) nice person (매우) 좋은 사람 / speak three languages 3개 국어를 하다

274

MP3_274

Hear me out.

hear(듣다) + out(끝까지)

hear someone out = ~의 말을 끝까지 듣다

내 말 끝까지 들어 봐.

'hear(듣다)'와 'out(끝까지)'이 합해져 만들어진 'hear someone out'은 중간에 말을 자르지 말고 끝까지 경청하라는 의미의 표현이라 보시면 됩니다.

hear someone out
= ~의 말을 끝까지 듣다

응용해서 영작 & 말하기

내 말 끝까지 들어 줘서 고마워.	Thank you for hearing me out.
그만 방해하고 내 말 끝까지 들어.	Stop interrupting and hear me out.

힌트 Thank you for V-ing ~해 줘서 고맙다 / interrupt 방해하다

275

MP3_275

You're telling me.

You're telling = 너는 말하고 있다 / me = 나(에게)

너는 나에게 말하고 있어.

내 말이 그 말이야.

위 문장은 "(내가 하려는 말을) 너가 나에게 말하고 있다'는 뜻이며, 이는 그만큼 상대방이 하는 말에 내가 굉장히 동감하고 있다는 것을 뜻하므로 아래와 같이 해석됩니다.

You're telling me.
= 내 말이 그 말이다.

응용해서 영작 & 말하기

내 말이 그 말이야. 뭔 일이래?	You're telling me. What's going on?
내 말이 그 말이야. 그 영화 너무 지루해.	You're telling me. The movie is so boring.

힌트 What's going on? 무슨 일이냐? / movie 영화 / boring 지루한

276

MP3_276

His wife chewed him out.

chew = 씹다 / him = 그(를) / out = 크게

그의 아내는 그를 크게 씹었어.

그의 아내는 그를 꾸짖었어.

'누군가를 크게 씹다'라는 말은 입을 크게 벌려
잘못한 사람을 자근자근 씹어 호되게 벌주는 장면을
상상하면 아래와 같은 의미로 해석 가능합니다.

chew someone out (for something/V-ing)
= (~때문에) ~을 꾸짖다[질책하다]

응용해서 영작 & 말하기

그녀는 그 실수 때문에 그를 꾸짖었어. — She chewed him out for that mistake.

내 상사는 지각한 것 때문에 나를 질책하셨어. — My boss chewed me out for being late.

힌트 mistake 실수 / boss 상사 / be late 늦다, 지각하다

277

MP3_277

Please spread the word.

spread = 퍼뜨리다 / the word = 그 말(을)

그 말을 좀 퍼뜨려 줘.

입소문 좀 내 줘.

위 표현에서 '그 말(the word)'은 어떠한 '정보'를 뜻하고,
따라서 'spread the word'는 그러한 정보를 퍼뜨려서
소문을 내 달라는 의미이므로 아래와 같이 해석됩니다.

spread the word
= 입소문을 내다

응용해서 영작 & 말하기

SNS에
입소문 좀 내 줘.

Please spread the word
on social media.

여기 유명한 식당이야.
입소문 좀 내 줘.

This is a popular restaurant.
Please spread the word.

힌트 on social media 소셜미디어[SNS]에 / popular restaurant 유명한 식당

278

MP3_278 

I hate to break it to you, but...

I hate to = 나는 ~하기 싫다 / break it = 그것을 알리다

나는 너에게 그것을 알리기 싫지만…

이런 말 하기 좀 그렇지만…

위에서 break는 '(안 좋은 소식을) 알리다'라는 뜻으로 쓰였으며, 위 표현은 상대방이 듣기에 안 좋은 소식을 말하기 전 아래와 같이 운을 띄우는 표현입니다.

I hate to break it to you, but
= 이런 말 하기 좀 그렇지만,

응용해서 영작 & 말하기

이런 말 하기 좀 그렇지만,
그가 널 보고 싶어 하지 않아.

I hate to break it to you, but
he doesn't want to see you.

이런 말 하기 좀 그렇지만,
우리 헤어져야 할 것 같아.

I hate to break it to you, but
I think we have to break up.

힌트 I think we have to-V 우리가 ~해야 할 것 같다 / break up 헤어지다

279

MP3_279

For all I care.

⬇

for all = ~에도 불구하고 / I care = 내가 신경 쓰다

⬇

내가 신경 씀에도 불구하고.

⬇

난 신경 안 써.

위 표현은 '내가 신경을 쓰려 노력함에도 불구하고 관심이 전혀 안 갈 만큼 신경이 안 쓰인다'라는 뉘앙스가 내포된 표현이므로 아래와 같이 풀이됩니다.

(문장), for all I care.
= (~이어도), 난 신경 안 쓴다.

응용해서 영작 & 말하기

네가 원하는 걸 해도 돼,
난 신경 안 써.

You can do what you want,
for all I care.

너 혼자서 파티에 가도 돼,
난 신경 안 써.

You can go to the party alone,
for all I care.

힌트 can V ~해도 된다 / what you want 네가 원하는 것 / alone 혼자서

280

MP3_280

Don't sweat it.

sweat = 땀을 흘리다 / it = 그것 (때문에)

그것 때문에 땀 흘리지 마.

걱정하지 마.

땀은 더울 때에도 흘리지만 '걱정, 불안'과 같은 감정이 엄습해도 흘리기 때문에 위 표현은 땀이 흐를 정도로 '걱정하지 말라'는 비유적 의미로 풀이됩니다.

Don't sweat it.
= 걱정하지 마라.

응용해서 영작 & 말하기

다 잘 될 거야. 걱정하지 마.	Everything will be fine. Don't sweat it.
넌 최선을 다했으니 걱정하지 마.	You tried your best, so don't sweat it.

힌트 everything 모두, 다 / fine 괜찮은, 좋은 / try one's best 최선을 다하다

281

MP3_281

No word of a lie.

No word = 말이 아니다 / of a lie = 거짓의

거짓의 말이 아니야.

그거 진짜야.

'거짓의 말이 아니다'라는 것은 말 그대로 거짓이 아닌 '진짜다'라는 뜻이고, 이 말은 내가 하는 말에 100% 진정성이 담겼다는 사실을 강조할 때 쓰는 표현입니다.

No word of a lie.
= (거짓말 안 하고) 진짜다.

응용해서 영작 & 말하기

진짜야, 나 어제 복권에 당첨됐어.	No word of a lie, I won the lottery yesterday.
거짓말 안 하고 진짜로, 그건 최고의 영화였어.	No word of a lie, that was the best movie.

힌트 win the lottery 복권에 당첨되다 / the best movie 최고의 영화

282

MP3_282

People came out of the woodwork.

come out = 나오다 / of the woodwork = 목조부에서

사람들이 목조부에서 나왔어.

사람들이 난데없이 나타났어.

'목조부에서 나오다'라는 말은 문이나 계단의 목조부에서 갑작스럽게 벌레들이 튀어나오는 것처럼 어떤 것이 '난데없이 나타나다'라는 비유적 의미의 표현입니다.

come out of the woodwork
= 난데없이 나타나다

응용해서 영작 & 말하기

그들이 갑자기 난데없이 나타났어.	They came out of the woodwork all of a sudden.
어디에서 그들이 난데없이 나타난 거야?	Where did they come out of the woodwork?

힌트 all of a sudden 갑자기 / Where did they V? 어디에서 그들이 ~했는가?

283

MP3_283

It's like riding a bike.

like = ~와 같은 / riding a bike = 자전거를 타는 것

그것은 자전거를 타는 것과 같아.

금방 다시 할 수 있어.

자전거 타기는 한 번 배우면 몸에 익어 안 까먹고
잘 탈 수 있기 때문에 '자전거를 타는 것과 같다'는 말은
아래와 같은 비유적 의미로 쓰입니다.

like riding a bike
= (한 번 배우면) 안 까먹는 / 금방 다시 할 수 있는

응용해서 영작 & 말하기

스키 타는 건 한 번 배우면 안 까먹어.	Skiing is like riding a bike.
알고 보니 그건 금방 다시 할 수 있는 거였어.	It turns out it was like riding a bike.

힌트 skiing 스키 타는 것 / It turns out+문장 알고 보니 ~이다

284

MP3_284

I pored over this book.

pore over = 자세히 보다 / this book = 이 책(을)

나 이 책을 자세히 보았어.

나 이 책 꼼꼼히 보았어.

pore은 명사로는 '작은 구멍'이라는 뜻이고 동사로는 작은 구멍 너머로 세세하게 관찰하듯 '자세히 보다'라는 뜻도 있기 때문에 아래와 같은 표현으로도 쓰입니다.

pore over something
= ~을 꼼꼼히[면밀히] 보다

응용해서 영작 & 말하기

그는 몇 시간 동안 그 지도를 면밀히 보았어.	He pored over the map for hours.
나는 몇 번 더 그것을 꼼꼼히 봐야겠어.	I should pore over it a few more times.

힌트 map 지도 / for hours 몇 시간 동안 / a few more times 몇 번 더

285

MP3_285

It's high time we did.

It's high time = ~할 때이다 / we did = 우리가 했다

우리가 했어야 할 때야.

우리는 진작 했어야 했어.

'어떤 것을 했어야 할 때이다'라는 말은
'과거 그 때에 그것을 했으면 그게 딱 좋았을 때이다'라고
풀이 가능하기 때문에 아래와 같은 의미로 해석됩니다.

It's high time+과거시제 문장
= 진작 ~이어야 했다

응용해서 영작 & 말하기

진작 우리가 새 차를 샀어야 했어.	It's high time we bought a new car.
진작 내가 네 부모님을 만나 봤어야 했어.	It's high time I met your parents.

힌트 buy 사다 / new car 새 차 / meet 만나다 / your parents 네 부모님

286

MP3_286 

I don't want to split hairs.

split = 나누다 / hairs = 머리카락(을)

난 머리카락을 나누고 싶지 않아.

너무 세세하게 따지고 싶진 않아.

'머리카락을 나누다'라는 말은 미세한 머리카락을 하나하나 나누듯 어떠한 일을 너무 작은[사소한] 단위로 '세세하게 따진다'는 비유적 의미의 표현입니다.

split hairs
= 너무 세세하게 따지다

응용해서 영작 & 말하기

모든 것에 대해 너무 세세하게 따지지 마.	Don't split hairs on everything.
너무 세세하게 따지지 말고 주요 쟁점에 집중합시다.	Let's not split hairs and focus on the main issue.

힌트 Let's not V ~하지 말자 / focus on ~에 집중하다 / main issue 주요 쟁점

287

MP3_287

He made a blunder.

↓

make(만들다) + a blunder(어리석은 실수)

↓

make a blunder = 어리석을 실수를 하다

↓

그는 어리석은 실수를 했어.

'blunder'는 주의를 기울이지 않아서, 혹은
생각 없이 행동했다가 초래되는 '어리석은 실수'를 말하며
'make(만들다)'와 합해져 아래와 같이 쓰입니다.

make a blunder
= 어리석은 실수를 하다

응용해서 영작 & 말하기

그는 자신이 어리석은 실수를 했다고 인정했어.	He admitted he made a blunder.
그녀는 방송에서 어리석은 실수를 저질렀어.	She made a blunder on the show.

힌트 admit+문장 ~임을 인정하다 / on the show 쇼[방송]에서

288

MP3_288 

He has money to burn.

have = 가지고 있다 / money to burn = 태울 돈

그는 태울 돈을 가지고 있어.

그는 돈이 남아돌아.

'태울 돈을 가지고 있다'라는 말은
'불로 태워도 충분할 만큼 돈이 매우 많다'라는 말로
풀이되기 때문에 아래와 같은 의미로 쓰입니다.

have money to burn
= 돈이 남아돌다

응용해서 영작 & 말하기

그녀는 돈이 남아도는 것 같아.	She seems to have money to burn.
복권에 당첨된 후, 그는 돈이 남아돌았어.	After winning the lottery, he had money to burn.

힌트 seem to-V 하는 것 같다 / after V-ing ~한 후 / win the lottery 복권에 당첨되다

289

MP3_289

I got choked up.

choke = 숨이 막히다

get choked up = (감정에 겨워) 목이 메이다

난 목이 메었어.

'choke(숨이 막히다)'가 'get choked up'이란
형태로 쓰이면 단순히 숨만 막힌다는 뜻이 아닌
'감정이 복받쳐 숨이 막혀 목이 메이다'라는 뜻이 됩니다.

get choked up
= (감정에 겨워) 목이 메이다

응용해서 영작 & 말하기

그녀의 목소리를 들었을 때,
난 목이 메었어.

When I heard her voice,
I got choked up.

그녀는 목이 메어
말을 할 수 없었어.

She got choked up and
couldn't speak.

힌트 hear one's voice ~의 목소리를 듣다 / couldn't V ~할 수 없었다 / speak 말하다

290

MP3_290

Try not to get in the way.

get in(들어가다) + the way(길)

get in the way = (가는 길에 끼어들어서) 방해하다

방해하지는 말아 줘.

'get in the way'는 잘 가고 있는 길[경로]에
누군가 끼어들어서 가는 걸 방해하는 장면을 상상하면
아래와 같은 의미로 쉽게 이해 가능합니다.

get in the way (of something)
= (~을) 방해하다

응용해서 영작 & 말하기

나 방해하지 않을게.	I won't get in the way.
내 훈련을 방해하지는 말아 줘.	Try not to get in the way of my training.

힌트 Try not to-V ~하지 않으려 노력해 달라 / training 훈련

291

MP3_291 

You have to learn the ropes.

learn = 배우다 / the ropes = 밧줄(을)

넌 밧줄을 배워야 해.

넌 요령을 배워야 해.

'learn the ropes'라는 표현은 뱃사람들이 배에서 밧줄 다루는 요령부터 가장 먼저 익히는 것에서 파생돼 오늘날 아래와 같은 의미로 광범위하게 쓰입니다.

learn the ropes (of something)
= (~의) 요령[기본]을 배우다[익히다]

응용해서 영작 & 말하기

그는 거래의 기본을 배우는 중이야.	He's learning the ropes of the trade.
나 아직도 게임의 요령을 익히는 중이야.	I'm still learning the ropes of the game.

힌트 trade 거래 / game 게임 / be still V-ing 아직도 ~하는 중이다

292

MP3_292

He's milking it.

milk = 짜다 / it = 그것(을)

그는 그것을 짜고 있어.

그는 엄살을 떨고 있어.

위에서 '그것(it)'은 처해 있는 '상황'을 의미하고, 'milk it'은 그 상황을 쥐어짜내 최대한 많은 이득을 얻고자 과장된 행동으로 '엄살을 떤다'는 의미로 해석됩니다.

milk it
= 엄살을 떨다

응용해서 영작 & 말하기

너 또 엄살 떨고 있구나. — You're milking it again.

엄살 떨지 마. 네가 무슨 생각하고 있는지 알아. — Don't milk it. I know what you're thinking.

힌트 again 또, 다시 / know 알다 / what you're thinking 네가 생각하고 있는 것

293

MP3_293 

You can't cherry-pick.

cherry-pick = (잘 익은 체리만 따듯) 선별해서 택하다

너는 선별해서 택할 수 없어.

네가 원하는 것만 고를 수 없어.

선별해서 택한다는 것은 '원하는 것만 고르는 것'이기 때문에 위와 같이 해석 가능하며, cherry-pick 뒤에 선별해서 택하는 대상이 올 경우 아래와 같이 풀이됩니다.

cherry-pick something
= ~을 골라서 선택하다[뽑다]

응용해서 영작 & 말하기

너는 너의 상대 선수를 골라서 선택할 수 없어.	You can't cherry-pick your opponent.
그 코치는 스타 선수들을 골라 뽑았어.	The coach cherry-picked the star players.

힌트 opponent (게임, 대회 등의) 상대 선수 / star player 스타 선수

294

MP3_294

You hit the bull's-eye.

hit = 맞추다 / the bull's–eye = 과녁의 중심(을)

넌 과녁의 중심을 맞췄어.

넌 정곡을 찔렀어.

'과녁의 중심을 맞추다'라는 말은
과녁의 중심을 맞춘 듯 '핵심을 꿰뚫다'라는 뉘앙스로
풀이 가능하기 때문에 아래와 같은 의미로 쓰입니다.

hit the bull's-eye
= 정곡을 찌르다

응용해서 영작 & 말하기

넌 그 대답으로 정곡을 찔렀어.	You hit the bull's-eye with the answer.
네 아이디어가 정말 정곡을 찔렀어.	Your idea really hit the bull's-eye.

힌트 with ~으로 / answer 대답 / idea 아이디어 / really 정말, 진짜

295

MP3_295

What's in a name?

What's in ~? = ~속에 뭐가 있어? / a name = 이름

이름 속에 뭐가 있어?

브랜드가 뭐가 중요해?

위 표현은 정말 '이름 속에 뭐가 있느냐'고 묻는 질문이 아닌
이름은 껍데기일 뿐인데 그 속에 든 게 뭐가 중요하냐고
꼬집는 말이기 때문에 아래와 같이 해석됩니다.

What's in a name?
= 브랜드가 뭐가 중요해?

응용해서 영작 & 말하기

그나저나
브랜드가 뭐가 중요해?

What's in a name
anyway?

품질이 중요하지.
브랜드가 뭐가 중요해?

Quality is important.
What's in a name?

힌트 anyway 그나저나, 어쨌든 / quality (품)질 / important 중요한

296

MP3_296

He walks the walk, not just talks the talk.

walk the walk = 그 걸음을 걷다 / talk the talk = 그 말을 말하다

그는 그 말을 말하기만 하지 않고 그 걸음을 걸어.

그는 말만 하지 않고 행동으로 보여 줘.

위 표현은 '걸음'이라는 말을 입으로만 뱉지 않고
이를 직접 실천에 옮겨 '진짜 걷는 행동'을 하는 모습을
연상하면 아래와 같은 의미로 이해할 수 있습니다.

walk the walk, not just talk the talk
= 말만 하지 않고 행동으로 보여 주다

응용해서 영작 & 말하기

너는 말만 하지 말고 행동으로 보여 줘야 해.	You have to walk the walk, not just talk the talk.
그는 네가 말만 하지 않고 행동으로 보여 주길 원해.	He wants you to walk the walk, not just talk the talk.

힌트 have to-V ~해야 한다 / want someone to-V ~가 ~하길 원하다

297

MP3_297

We'll cross that bridge when we come to it.

cross = 건너다 / that bridge = 그 다리(를) / come to = ~에 가다

우리는 그것[그 다리]에 가면 그 다리를 건널 거야.

우리 그건 그때 가서 생각하자.

'그 다리에 가면 그 다리를 건너다'라는 말은
'그 일이 닥쳤을 때 그 일을 하다 → 할 때가 됐을 때 하다'와
같이 풀이되어 결국 아래의 의미로 해석됩니다.

cross that bridge when one comes to it
= 그건 그때 가서 생각하다

응용해서 영작 & 말하기

우리 그건 그때 가서 생각해도 돼.	We can cross that bridge when we come to it.
그냥 그건 그때 가서 생각하도록 해.	Just cross that bridge when you come to it.

힌트 can V ~해도 된다 / Just+명령문 그냥 ~해라

298

MP3_298

Let's let the dust settle.

let = ~하게 놔두다 / the dust = 먼지(가) / settle = 가라앉다

먼지가 가라앉게 놔두자.

사태가 진정될 때까지 기다리자.

'먼지=사태'라고 가정하면 '먼지가 가라앉게 놔두다'라는 말은
'사태가 가라앉아 진정될 때까지 놔두다'라는 뜻으로
풀이되기 때문에 아래와 같이 해석됩니다.

let the dust settle
= 사태가 진정될 때까지 기다리다

응용해서 영작 & 말하기

얼마 동안은 사태가 진정될 때까지 기다리자.	Let's let the dust settle for a while.
사태가 진정될 때까지 기다리는 게 더 나아.	It's better to let the dust settle.

힌트 for a while 잠시[얼마] 동안 / It's better to-V ~하는 게 더 낫다

299

MP3_299

He was as hard as nails.

as hard as = ~만큼 단단한 / nails = 못

그는 못만큼 단단했어.

그는 냉정한 사람이었어.

어떤 사람이 '못만큼 단단하다'라는 말은
마음이 못만큼이나 단단해서 그 어떤 감정도 못 느낀다는
뉘앙스로 풀이되어 아래와 같은 의미로 해석됩니다.

as hard as nails
= 아주 냉정한, 피도 눈물도 없는

응용해서 영작 & 말하기

그는 진짜 피도 눈물도 없는 것 같아.	I think he's really as hard as nails.
모두들 그녀가 아주 냉정하다고 말해.	Everyone says she is as hard as nails.

힌트 I think+문장 ~인 것 같다 / Everyone says+문장 모두들 ~이라고 말하다

300

MP3_300

You have what it takes to succeed.

have = 가지고 있다 / what it takes = 필요한 것(을)

넌 성공하기 위해 필요한 것을 가지고 있어.

넌 성공할 자질이 있어.

위에서 'what it takes(필요한 것)'은 어떤 일을 하는 데 있어 필요한 '자질[능력]'을 뜻하기 때문에 'have what it takes'는 아래와 같이 풀이됩니다.

have what it takes (to-V)
= (~할) 자질[능력]이 있다

응용해서 영작 & 말하기

그는 지도자가 될 자질이 있어.	He has what it takes to become a leader.
그들은 경기에서 이길 능력이 있어.	They have what it takes to win the game.

힌트 become ~이 되다 / leader 지도자 / win the game 경기를[에서] 이기다

271~300 나의 네이티브력 체크!

❶ 30개 문장들을 쭉 읽어 나가며 의미를 곱씹어 보세요.

❷ '이게 뭔 뜻이었지?'하는 문장이 있다면 우측 박스(☐)에 체크 표시를 하세요.

❸ 체크 표시가 된 문장들은 해당 페이지로 돌아가 다시 한 번 복습하세요.

271 I don't want to make a scene. ☐

272 That cracked me up! ☐

273 I'll have you know... ☐

274 Hear me out. ☐

275 You're telling me. ☐

276 His wife chewed him out. ☐

277 Please spread the word. ☐

278 I hate to break it to you, but... ☐

279 For all I care. ☐

280 Don't sweat it. ☐

281 No word of a lie. ☐

282 People came out of the woodwork. ☐

283 It's like riding a bike. ☐

284 I pored over this book. ☐

285 It's high time we did. ☐

286 I don't want to split hairs. ☐

287 He made a blunder. ☐

288 He has money to burn. ☐

289 I got choked up. ☐

290 Try not to get in the way. ☐

291 You have to learn the ropes. ☐

292 He's milking it. ☐

293 You can't cherry-pick. ☐

294 You hit the bull's-eye. ☐

295 What's in a name? ☐

296 He walks the walk, not just talks the talk. ☐

297 We'll cross that bridge when we come to it. ☐

298 Let's let the dust settle. ☐

299 He was as hard as nails. ☐

300 You have what it takes to succeed. ☐

현재 나의 네이티브력

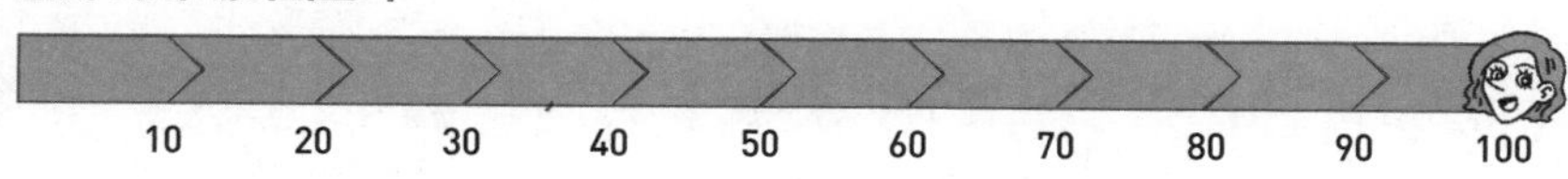

부록

네이티브력 급상승 핵심 표현

INDEX 300

핵심 표현 300개 한눈에 훑어보기!

❶ 본문에 수록된 핵심 표현 300개를 알파벳순으로 정리하였습니다.

❷ 표현 오른쪽에 페이지 넘버가 있어 원할 경우 손쉽게 찾아볼 수 있습니다.

❸ 까먹은 표현들은 박스(□)에 체크 표시를 한 뒤 다시 찾아 복습하세요.

A

B

C

D

E

F

G

H

I

K

L

M

N

O

P

T